HEYNE
BÜCHER

D1857472

HEYNE KOCHBÜCHER

Ausgewogene Ernährung – ein Beitrag zur Krebsprävention

Mit 125 gesunden Rezepten

WILHELM HEYNE VERLAG
MÜNCHEN

HEYNE KOCHBUCH
07/4691

Für die Deutsche Krebsgesellschaft e.V. und ihre
Landesverbände: Bayerische Krebsgesellschaft e.V.

Umwelthinweis:
Dieses Buch wurde auf
chlor- und säurefreiem Papier gedruckt

Printed in Germany 1996
Umschlaggestaltung: Atelier Ingrid Schütz, München
Umschlagillustration: G & J Fotoservice/Rosenfeld, Hamburg
Redaktion: Andrea Kainz, Dipl. oec. troph. Univ.,
und Monika Mai
Satz: Schaber Satz- und Datentechnik, Wels
Druck und Bindung: RMO, München

ISBN 3-453-09922-2

Inhalt

ABKÜRZUNGEN:

EL	= Eßlöffel
TL	= Teelöffel
g	= Gramm
l	= Liter
Msp	= Messerspitze

BAYERISCHE KREBSGESELLSCHAFT e.V. Durch Wissen zum Leben

Einleitung

Indem wir durch ausgewogene, gesunde Ernährung verantwortungsbewußt mit unserem Körper umgehen, steigern wir unser körperliches Wohlbefinden und unsere Leistungsfähigkeit. So können wir selbst aktiv zu unserer Gesundheit beitragen.
Viele von uns sind heutzutage berufstätig und möchten nach ihrer Arbeit nicht mehr lange am Herd stehen. Wir sind deshalb darauf angewiesen, gesunde Mahlzeiten einfach und schnell zubereiten zu können.
Das vorliegende Buch bietet Ihnen darum unkomplizierte und günstige Rezepte, die Ihnen helfen, sich gesünder zu ernähren. Lassen Sie sich anregen von unseren leckeren Vorschlägen für Frühstück, Mittag- und Abendessen sowie zu verfeinernden Saucen. Um Ihnen Einkaufen und Essensvorbereitung zu erleichtern, finden Sie außerdem drei Vorschläge zu Wochen-Speiseplänen.
Besonders wichtig ist eine gesunde Ernährung für Kinder. Sie brauchen zu ihrer Entwicklung alle notwendigen Nährstoffe in ausreichender Menge. Außerdem üben sie im jungen Alter die Verhaltensweisen ein, die für ihr späteres Leben übernommen werden. Deshalb ist es entscheidend, schon Kinder an gesundes Essen zu gewöhnen und ihnen zu zeigen, wie gut

das schmecken kann. Fördern Sie deshalb auch bei Ihren Kindern dieses Interesse! **In der späteren Entwicklung Ihrer Kinder können damit viele ernährungsbedingte Gesundheitsprobleme vermieden werden.** Wir helfen Ihnen dabei durch unsere Rezepte für kleine Leckermäuler, die bekannte Köche ganz speziell für Kinder zusammengestellt haben.
Gesunde Ernährung leistet einen wichtigen Beitrag zur Förderung der Gesundheit. Aber was versteht man überhaupt unter gesunder Ernährung?
Eine gesunde Ernährung ist vor allem ausgewogen. Das heißt also, nicht einseitig nur einige wenige Nahrungsmittel essen, sondern von allem etwas. Achten Sie darauf, daß Sie:

- Ihren Fettkonsum verringern
- ballaststoffreich essen
- vitaminreiche Nahrung bevorzugen
- wenig Gesalzenes, Gegrilltes und Geräuchertes essen.

Kaufen Sie außerdem möglichst gering verarbeitete Lebensmittel, also eher frisches Gemüse als tiefgefrorenes und eher gefrorenes als Gemüse in Dosen. **Je mehr Behandlungsprozesse Lebensmittel durchlaufen haben, desto weniger wertvolle Stoffe sind in ihnen enthalten.**
Durch eine ausgewogene Ernährung können Sie die Wahrscheinlichkeit verringern, daß bestimmte Erkrankungen auftreten oder diese sogar ganz vermeiden. Dazu gehören besonders Karies, aber auch Übergewicht, Bluthochdruck, Fettstoffwechselstörungen und die Zuckerkrankheit (Diabetis mellitus). Einige

dieser Krankheiten erhöhen wiederum das Risiko für Durchblutungsstörungen (»Gefäßverkalkung«); Magen-Darm- und Nierenerkrankungen, Haar- und Hautprobleme, sowie das Immunsystem – einschließlich der Wundheilung – können durch gezielte Ernährung ebenfalls günstig beeinflußt werden. Auch häufige Müdigkeit und mangelnde körperliche und seelische Belastbarkeit können ein Hinweis auf fehlerhafte Ernährung sein und daher durch eine ausgewogene Ernährung verbessert oder behoben werden. Bei bereits bestehenden Erkrankungen, wie z. B. Gicht, Diabetis mellitus oder Fettstoffwechselstörungen, ist eine ausgewogene Ernährung ein wesentlicher Bestandteil für einen langfristigen Erfolg der Behandlung. Über den Zusammenhang zwischen Ernährung und Krebs wurde und wird viel geschrieben und gesagt. Meist handelt es sich um Hypothesen, die auf unsicheren Beinen stehen. Eine der Ursachen dafür ist, daß die genauen Zusammenhänge zwischen Krebserkrankungen und bestimmten Ernährungsformen nur außerordentlich schwer feststellbar sind.

Klar ist jedoch: Krebs wird nicht allein durch eine falsche Ernährungsweise ausgelöst. Wissenschaftler in aller Welt sind sich heute sicher, daß die meisten Krebserkrankungen nicht auf eine einzige Ursache zurückzuführen sind. Sie vermuten, daß bei der Entstehung von Krebs immer verschiedene Faktoren zusammenkommen müssen: zum Beispiel Veranlagung, Rauchen, Umweltbedingungen, aber auch persönliche Lebensgewohnheiten. Dazu gehört auch unsere Ernährung. **Es ist mittlerweile erwiesen, daß das Risiko bestimmter Krebserkrankungen**

– bis zu einem gewissen Grad – abnimmt, je mehr Obst und Gemüse wir essen. Das liegt an den vielen wichtigen Inhaltsstoffen: Obst und Gemüse enthalten Vitamine, Ballaststoffe, Mineralien und viele weitere Stoffe (Phytochemikalien), die die Pflanzen für das optimale Überleben in ihrer Umwelt benötigen. Die **Kombination** der verschiedenen Inhaltsstoffe ruft sehr wahrscheinlich die positive Wirkung von Gemüse und Obst hervor. **Essen Sie deshalb viel frisches Obst und Gemüse und verzichten Sie auf konzentrierte Vitamin- oder Mineralstoffpräparate!** Solche Präparate sind kein Ersatz für diese wichtigen Lebensmittel. Wenn sie falsch dosiert werden, können sie sogar schädlich sein. Deshalb sollten sie nur auf Rat eines Arztes oder einer Ärztin eingenommen werden.

Zur wissenschaftlichen Klärung der komplizierten Zusammenhänge zwischen Krebserkrankungen und Ernährung finanziert die Europäische Kommission zur Zeit spezielle wissenschaftliche Studien. Diese Studien werden in sieben Mitgliedstaaten der Europäischen Union durchgeführt. Hierbei wird zehn Jahre lang die Ernährungsweise und Gesundheit von 350.000 Beteiligten untersucht. Schon heute können wir sicher davon ausgehen: **Eine abwechslungsreiche Ernährung mit viel Obst und Gemüse unter Verzicht auf zuviel Fett und tierische Proteine mindert das Risiko verschiedener Krebserkrankungen.**

Es gibt keine spezielle Krebsdiät, mit der man sicher verhindern kann, an Krebs zu erkranken. Und ebenso gibt es bei be-

reits bestehender Krebserkrankung keine »Diät«-Behandlung, durch die die Krankheit verschwindet. Aber betroffene Menschen können sich bei den Beratungsstellen der Krebsgesellschaft kompetenten Rat holen, welche Ernährung bei besonderen Gesundheitsproblemen während und nach der Krebstherapie helfen kann.
Eine ausgewogene Ernährung fördert zusammen mit anderen positiven Lebensgewohnheiten Ihre Gesundheit und die Ihrer Familie.

Deshalb:

- Rauchen Sie nicht.
- Verringern Sie Ihren Alkoholkonsum.
- Essen Sie viel frisches Obst und Gemüse sowie ballaststoffreiche Getreideprodukte.
- Essen Sie weniger fettreich.
- Vermeiden Sie Übergewicht.
- Sorgen Sie für körperliche Bewegung.
- Vermeiden Sie übermäßige Sonnenbestrahlung und besonders Sonnenbrand.
- Beachten Sie genau die Sicherheitsvorschriften, durch die Sie vor Kontakt mit krebserregenden Stoffen am Arbeitsplatz geschützt werden sollen.
- Gehen Sie zum Arzt, wenn Sie eine Veränderung bemerken.
- Nutzen Sie die Krebsfrüherkennungsuntersuchungen.
- Für Frauen: Untersuchen Sie einmal im Monat Ihre Brüste.

Sie sehen, zur eigenen Gesundheit können Sie selbst einen aktiven Beitrag leisten. Eine gesunde Ernährung spielt dabei eine wichtige Rolle.
Deshalb wünschen wir Ihnen und Ihrer Familie viel Spaß beim Ausprobieren unserer Rezeptvorschläge!

Prof. Dr. med. Walter M. Gallmeier
Präsident der Bayerischen Krebsgesellschaft

Ernährungstips

Lassen Sie besser keine Mahlzeit ausfallen, sondern achten Sie darauf, täglich ein Frühstück, ein Mittagsessen, ein Abendessen und gegebenenfalls ein oder zwei kleine Zwischenmahlzeiten zu sich zu nehmen.
Nehmen Sie sich ruhig Zeit zum Essen und tun Sie nichts nebenbei, wie z. B. lesen oder fernsehen. Während des Essens sollte die Stimmung ruhig und entspannt sein. Sorgen Sie daher für einen liebevoll gedeckten Tisch, und vermeiden Sie es, im Stehen zu essen, auch wenn es sich nur um einen kleinen Imbiß handelt. Essen Sie langsam und kauen Sie die Nahrung gut durch. Denn: Gut gekaut ist halb verdaut.
Achten Sie auf Ihren Fettkonsum: kaufen Sie fettarme Lebensmittel und wenden Sie Kochmethoden an, bei denen nur wenig oder gar kein Fett benötigt wird, wie z. B. Kochen oder Sieden, Druckgaren oder Dämpfen, Schmoren, Braten in Alufolie, in einer beschichteten Pfanne, im Grill oder im Backofen, Mikrowellengaren.
Zum Andünsten oder Braten keinesfalls Platten- oder Palmfett verwenden, sondern ein reines Pflanzenöl wie z. B. Sonnenblumen- oder Olivenöl.
Salz sollte in jedem Fall nur sparsam verwendet werden; ein gutes Meersalz ist hier vorzuziehen.
Gebäck, Süßigkeiten, Schokolade, Limonaden etc. sind auf jeden Fall zu meiden, da sie sehr kalorienreich sind. Zucker können Sie übergangsweise durch synthetische Süßstoffe ersetzen, wobei die auf der Verpackung angegebene Tagesmenge jedoch nicht überschritten werden sollte.
Sorgen Sie für eine abwechslungsreiche Ernährung, und ach-

ten Sie darauf, täglich magere oder teilentrahmte Milchprodukte sowie Obst und Gemüse zu verzehren.
Sie sollten täglich mindestens 1,5–2 Liter trinken, und hierzu eignet sich natürlich am besten Wasser, mit oder ohne Kohlensäure sowie Kräuter- oder Früchtetee, am besten immer abwechselnd.
Schüsseln, Brot, Butter und Wein nicht auf den Tisch stellen, da sie unnötig zum Nachnehmen verleiten.
Gehen Sie schon beim Einkauf gesundheitsbewußt vor. Vermeiden Sie es daher, Ihre Einkäufe vor dem Essen zu machen, da Sie sonst unnötig in Versuchung geraten könnten. Gehen Sie nicht ohne Einkaufszettel in die Geschäfte, und lesen Sie die Angaben auf den Verpackungen sorgfältig durch, damit Sie auch wissen, was Sie essen.
Vermeiden Sie das Knabbern zwischendurch. Sollte das Hungergefühl jedoch zu stark werden, trinken Sie Wasser, eine Gemüsebrühe, leichten Tee oder Kaffee oder essen Sie etwas rohes Gemüse wie Möhren, Tomaten, Blumenkohlröschen, Radieschen, Selleriestangen...
Auch beim Feiern sollten Sie an Ihre Gesundheit denken und an Stelle eines Aperitifs eher einen Frucht- oder Gemüsesaft nehmen. Beschränken Sie Ihr Essen auf höchstens 2 Gerichte, nämlich eine Vorspeise plus Hauptgericht oder ein Hauptgericht plus Dessert. Begnügen Sie sich mit einem Glas Wein.

Sprossen und Keime

Natürlich können Sie Sojakeimlinge aus dem Glas verwenden, aber Sie tun Ihrem Körper sehr viel mehr Gutes, wenn Sie selbst Sprossen ziehen. Der Vitamingehalt erhöht sich während des Keimens um ein Vielfaches.
Am besten funktioniert das Ziehen von Sprossen in einem Keimapparat aus dem Reformhaus, aber Sie können auch ein

umgestülptes Einmachglas verwenden, das mit Gaze und Gummiband verschlossen zu einem Minitreibhaus wird.
Bitte nur ausgewiesenes »Saatgut« zum Keimen aus dem Reformhaus oder Naturkostladen verwenden, da dieses aus biologisch-dynamischem Anbau stammen muß. Soja-, Weizen-, Luzernen-(Alfalfa-) und andere Sprossen gedeihen prächtig. Einfach ca. 1 Tasse Körner in das Glas geben, über Nacht einweichen, am nächsten Tag abgießen, mit frischem Wasser spülen und das Glas umgedreht auf einen Teller leicht schräg stellen, damit die Luft zirkulieren und überschüssiges Wasser ablaufen kann, so daß nichts fault. Am besten ein Hölzchen o.ä. unterlegen. Jeden Tag oder auch jeden zweiten – das ist je nach Art verschieden – mit frischem Wasser spülen. Mungbohnen, Sojabohnen, Adzukibohnen und Linsen am besten vor Gebrauch blanchieren oder einfach in einem Sieb kurz mit heißem Wasser spülen, so sind sie besser verträglich. Nach einigen Tagen – die Keimdauer steht jeweils auf dem Päckchen – können Sie ernten und Ihren Speisezettel mit dieser vital- und ballaststoffreichen Kost anreichern.

Wie ist dieses Buch zu benutzen?

Tagesspeiseplan

Im ersten Teil dieses Buches stellen wir Ihnen 100 Rezepte vor, die wir in 4 Kategorien eingeteilt haben: Frühstück, Mittagessen, Abendessen, Saucen.
Wählen Sie morgens eines der Frühstücke, die wir Ihnen auf den Seiten 32 bis 41 vorschlagen. Für den restlichen Tagesspeiseplan können Sie dann die Seiten 22 bis 30 zu Rate ziehen.
Dort schlagen wir Ihnen nämlich ausgewogene Tagesspeisepläne für 3 Wochen vor.
Zu Ihrer Tagesration, die aus ca. 2300 kcal bestehen sollte, gehört ferner noch eine Ration Obst, die als Zwischenmahlzeit gedacht ist.

Die Rezepte

Für jedes Rezept sind Vorbereitungs- und Zubereitungszeit, Zutatenliste, Zubereitung und Nährwert angegeben.

Vorbereitungs- und Zubereitungszeit

Unter »Zubereitungszeit« ist je nach Fall die Koch- bzw. Backzeit zu verstehen. Vorbereitungs- und Zubereitungszeit sind jeweils unter »Vorbereitung« und »Zubereitung« angegeben. Die vermerkte Zeit gilt für das ganze Rezept. Die meisten Gerichte können in relativ kurzer Zeit zubereitet werden.

Zutaten

Wenn nicht anders vermerkt, sind die Zutaten jeweils **für eine Portion** gedacht. Die angegebenen Gewichte gelten für rohe, ungeputzte Lebensmittel (Bruttogewicht).
Sollten Sie die Gerichte für die ganze Familie zubereiten, so brauchen Sie die angegebenen Mengen nur mit der Anzahl der Familienmitglieder zu multiplizieren. Falls nur eine Person abnehmen will, so können Sie dennoch dieselben Gerichte für die ganze Familie kochen, wenn Sie für die restlichen Familienmitglieder mehr Beilagen vorsehen.
Bei Rezepten, für die Sie Fett benötigen, können Sie zwischen Butter und kaltgepreßten Pflanzenölen wählen. Zum Bestreichen der Brote, zum Abschmelzen des gekochten Gemüses oder zum Backen empfehlen wir Ihnen Butter oder eine Margarine, die reich an mehrfach ungesättigten Fettsäuren ist.

Zubereitung

Sollten Sie bei dem einen oder anderen Küchenfachausdruck zögern, so schlagen Sie auf den Seiten 174 bis 176 nach; dort werden nämlich die wichtigsten Fachausdrücke erläutert.
Ansonsten dürfte die Zubereitung der vorgeschlagenen Gerichte ziemlich leichtfallen.

Nährwert

Alle Angaben gelten jeweils für eine Portion, bei Saucen für einen Eßlöffel. Für jedes Gericht wird der ungefähre Gehalt an Kilokalorien (kcal), Ballaststoffen und Vitaminen A und C angegeben.

Die in den Rezepten erscheinenden Sternchen (*) entsprechen folgenden Kategorien:

	*	**	***	****	*****
Ballaststoffe in Gramm	0–1,5	1–6,3	3,1–4,5	4,6–8,5	+ 8,5
Vit. A in Mikrogramm Retinol	0–100	101–500	501–1000	+ 1000	
Vit. C in Milligramm	0–25	26–50	51–75	+ 75	
Kalorien	bis 150	bis 250	bis 350	bis 450	über 500

Der angegebene Gehalt an Ballaststoffen sowie an Vitamin A und Vitamin C gilt für die rohen Nahrungsmittel.
Die Nährwerte wurden der »Table de Composition des Aliments« vom Institut Paul Lambin – Belgien (1987) – entnommen.

Weg von der Monotonie ...

Warum jeden Tag das gleiche essen? Abwechslung in der Wahl der Lebensmittel ist eine der Grundregeln, die Sie im Hinblick auf eine ausgewogene Ernährung beachten sollten. Für einen Laien ist es jedoch nicht immer leicht, die Zusammensetzung bzw. die Nährwerte der verschiedenen Lebensmittel ausfindig zu machen und somit vergleichen zu können. Deshalb fügen wir hier noch einige Listen hinzu, in denen die Lebensmittel so portioniert sind, daß sie in etwa den gleichen Kaloriengehalt haben.

Diese Listen sollen Ihnen helfen, sich abwechslungsreich zu ernähren. Die in den Rezepten erwähnten Früchte, Beilagen oder Desserts können Sie ohne weiteres durch die jeweiligen Alternativen ersetzen, die in den untenstehenden Listen angegeben sind. So können z.B. 100 g Erdbeeren ($^1/_3$ der Ration) durch 200 g Wassermelone oder 50 g Weintrauben ersetzt werden.

Obstportionen mit gleichem Kaloriengehalt

Eine Portion entspricht ± 100 kcal; das unten angegebene Gewicht gilt für die ungeputzte Frucht (Bruttogewicht).

- 600 g Wassermelone
- 350 g Himbeeren, Grapefruit
- 300 g Erdbeeren, Mandarinen, Melone
- 250 g Aprikosen, Preiselbeeren, Apfelsinen, Papayas, Pfirsiche
- 200 g Quitten, Kiwis, Mango, Brombeeren, Birnen, Äpfel

- 170 g Bananen, schwarze Johannisbeeren, Kirschen, Johannisbeeren, Kakis, Litchis, Mirabellen, Waldbeeren, Nektarinen, Pflaumen
- 150 g frische Feigen, Weintrauben
- 40 g geschälte Kastanien, getrocknete Datteln oder Feigen, Dörrpflaumen, Rosinen
- 15 g geschälte Nüsse: Mandeln, Haselnüsse, Walnüsse, Pistazien

Portionierte Beilagen mit gleichem Kaloriengehalt:

Eine Portion entspricht ± 75 kcal.

- 35 g Vollkorn- oder Graubrot (Weizen, Roggen, Fünfkornbrot = ± 1 Scheibe Kastenbrot)
- 35 g Vollkornbrötchen
- 35 g Stangenvollkornbrot
- 2 Stück Vollkornzwieback
- 3 Crackers
- 100 g Kartoffeln
- 20 g Naturreis (ungekocht)
- 20 g Vollkornnudeln (ungekocht)

Desserts mit gleichem Kaloriengehalt

Eine Portion entspricht ± 115 kcal. Anbei finden Sie eine kleine Auswahl »Express«-Desserts, die keiner oder fast keiner Zubereitung bedürfen. Sie können die Desserts aus dem Kapitel »Abendessen« ohne weiteres durch folgende ersetzen:

- 2 EL (60 g) halbfetter Quark und $1/2$ Obstportion (siehe Seite 19)
- 1 kleiner Becher magerer Joghurt (125 ml) und $1/2$ Obstportion (siehe Seite 19)
- 15 g Butterkekse und $1/2$ Obstportion (siehe Seite 19)

UNSERE TAGESSPEISEPLÄNE FÜR DREI WOCHEN

ERSTE WOCHE

MONTAG:

Frühstück nach Wahl

Porreesuppe
Steak mit Champignons
Blumenkohl
Backblechkartoffeln

Thunfischbrot
Apfelkuchen

DIENSTAG:

Frühstück nach Wahl

Kerbel-Petersiliensuppe
Indisches Huhn
Naturreis

Nudelsalat mit Schinken
Joghurt mit Kiwis und Mandarinen

MITTWOCH:

Frühstück nach Wahl

Brokkoli- oder Blumenkohlsuppe
Seezungenfilet mit Gemüse
und Kartoffeln

Naturreis-Salat mit Huhn
Zitronencreme

DONNERSTAG:

Frühstück nach Wahl

Feld- und Chicoréesalat normannisch
Schweinegeschnetzeltes
Gefüllte Aubergine

Ei auf Florentiner Art
Apfelsinensalat mit Zimt

FREITAG:

Frühstück nach Wahl

Kressesuppe
Kalbfleischbällchen mit Möhren
und Kartoffeln

Croque-Monsieur
Karamelisierte Ananas

SAMSTAG:

Frühstück nach Wahl

Sojakeimsalat
Rochen mit Spargel
und Backblechkartoffeln

Toast mit Champignons
Apfel nach Hausfrauenart

SONNTAG:

Frühstück nach Wahl

Tomatensuppe
Putenbrustfilet mit Endiviengemüse
und Vollkornnudeln

Gurke mit Crevetten
Grießdessert mit Aprikose

ZWEITE WOCHE

MONTAG:

Frühstück nach Wahl

Gurkensuppe
Omelett auf Bauernart

Fleischteller
Bananencreme

DIENSTAG:

Frühstück nach Wahl

Endiviensalat mit Champignons und Tomaten
Spaghetti alla bolognese

Fischsalat
Reisgrieß mit Zimt

MITTWOCH:

Frühstück nach Wahl

Kerbelsuppe
Schweinekotelett in Senfsauce
mit Rosenkohl und Kartoffeln

Käseplatte
Birnenkuchen

DONNERSTAG:

Frühstück nach Wahl

Sellerie-Möhrensuppe
Mussaka

Rührei mit Sauerampfer
Apfeltörtchen

FREITAG:

Frühstück nach Wahl

Zwiebelsuppe
Kabeljau in feinem Gemüse
Naturreis

Pitta mit Huhn
Kaffeecreme

SAMSTAG:

Frühstück nach Wahl

Mimosa-Salat
Überbackener Chicorée
Kartoffelpüree

Grapefruit mit Lachs
Joghurtquadrate

SONNTAG:

Frühstück nach Wahl

Bauernsuppe

Putenbrustfilet mit Champignons
und Kartoffeln

Griechischer Salat
Birnen-Feigen-Kompott

DRITTE WOCHE

MONTAG:

Frühstück nach Wahl

Spinatsuppe
Goldbrasse provenzalisch
Kartoffelpüree

Schinkenröllchen
Pfirsichcreme

DIENSTAG:

Frühstück nach Wahl

Gurkensalat
Waterzooi vom Huhn

Spiegelei mit gefüllter Paprikaschote
und Reis
Haferflockendessert

MITTWOCH:

Frühstück nach Wahl

Petersiliensuppe
Steak mit Schwarzwurzeln
und Petersilienkartoffeln

Pitta mit Thunfisch
Grapefruit auf Schweizer Art

DONNERSTAG:

Frühstück nach Wahl

Chicoréesuppe
Chop-Suey

Endiviensalat mit Schinken
Mandarinentörtchen

FREITAG:

Frühstück nach Wahl

Sellerie-Tomatensalat
Marinierte Lammkeule
mit Prinzeßbohnen
und Kartoffeln

Heringssalat mit Äpfeln
Vanillecreme

SAMSTAG:

Frühstück nach Wahl

Suppe nach Försterinart
Kalbsschnitzel italienisch
mit Brokkoli und Tagliatelle

Mozzarella-Salat
Aprikosenauflauf

SONNTAG:

Frühstück nach Wahl

Minestrone
Kabeljau mit Spinat
und Kartoffeln

Hühnerragout
Joghurt mit Erdbeeren

FRÜHSTÜCK

Rhabarberquark mit Vollkornzwieback

Vorbereitung: 5 Minuten
Zubereitung: –

6 Stück Vollkornzwieback · 1 TL Butter
125 g Magerquark · 2 EL Rhabarberkompott

Den Quark mit dem Kompott verrühren. Gebutterten Zwieback dazu essen.

Zwischenmahlzeit:
1 Apfel

kcal	Ballaststoffe	Vitamin A	Vitamin C
****	*****	*	*

Getreideflocken mit rosa Grapefruit

Vorbereitung: 5 Minuten
Zubereitung: –

Getreideflocken · 150 ml Milch (1,5% Fett)
1/2 rosa Grapefruit oder wahlweise 1 Birne,
Apfel oder Banane

Getreideflocken mit Milch übergießen. Die gewählte Frucht entweder dazu essen oder hineinschneiden.

Zwischenmahlzeit:
4 Backpflaumen

kcal	Ballaststoffe	Vitamin A	Vitamin C
****	*****	*	**

Pfannkuchen mit Joghurtfüllung

Vorbereitung: 10 Minuten
Zubereitung: 15 Minuten

Für 3 Personen (6 Pfannkuchen):
1 Ei · 100 g Vollkornweizenmehl
200 ml Milch (1,5% Fett) · 1 TL Sonnenblumenöl
Füllung pro Person:
1 EL Aprikosenkompott · Saft einer halben Zitrone
2 gestrichene TL brauner Rohrzucker
125 g magerer Joghurt

Ei, Mehl und Milch zu einem glatten Teig verrühren, ca. 20 Minuten quellen lassen.
Eine beschichtete Pfanne dünn fetten und die Pfannkuchen darin goldgelb backen.

Zwischenmahlzeit:
2 Trockenfeigen

kcal	Ballaststoffe	Vitamin A	Vitamin C
✶✶✶✶	✶✶✶✶	✶✶	✶

Bananenmilchshake

Vorbereitung: 5 Minuten
Zubereitung: –

$1/2$ Banane · 200 ml Milch (1,5 % Fett)
2 gestrichene EL gemahlene Mandeln
10 g Haferflocken (ca. 1 EL)
1 gestrichener TL brauner Rohrzucker
$1/2$ Vanilleschote

Alle Zutaten zu einer gleichmäßigen Masse mixen.

Zwischenmahlzeit:
1 Birne

kcal	Ballaststoffe	Vitamin A	Vitamin C
***	****	*	*

Müsli

Vorbereitung: 10 Minuten
Zubereitung: –

60 g Getreideflocken (Hafer, Weizen, Gerste, Mais)
20 g Rosinen · 5 Mandeln · 1 kleiner Apfel
1 Glas Milch (1,5% Fett)

Getreideflocken, Rosinen und Milch am Vorabend in eine Schüssel geben, abdecken und die ganze Nacht über im Kühlschrank quellen lassen. Am Morgen die gehackten Mandeln und den geschnitzelten Apfel zufügen.

kcal	Ballaststoffe	Vitamin A	Vitamin C
****	*****	*	*

Muffins mit Quark und Feige

Vorbereitung: 10 Minuten
Zubereitung: 20 Minuten

50 g Gerstenmehl · 1 gestrichener TL Backpulver
1 gestrichener EL brauner Rohrzucker
50 ml teilentrahmte Milch · Zimt · 1/2 Vanilleschote
Garnierung:
1 Trockenfeige · 30 g Magerquark

Ofen auf 200°C vorheizen. Milch erwärmen und Zucker darin auflösen. Mehl, Backpulver, Milch, ausgekratzte Vanilleschote und Zimt zu einem glatten Teig verrühren.
2 kleine Backformen einfetten und mit Mehl bestäuben. Teig in die Formen füllen. 20 Minuten im Backofen backen. Muffins aus der Form lösen und lauwarm mit jeweils einem Stückchen Feige und etwas Quark servieren.

Tip: Muffins können am Vorabend gebacken und morgens im Backofen oder auf dem Toaster aufgewärmt werden.

Zwischenmahlzeit:
1 Apfel

kcal	Ballaststoffe	Vitamin A	Vitamin C
✶✶✶✶	✶✶✶✶	✶	✶

Weichgekochtes Ei mit Brot und Aprikosenkompott

Vorbereitung: 5 Minuten
Zubereitung: 5 Minuten

3 Scheiben Kastengraubrot
1 weichgekochtes Ei (± 5 Minuten gekocht)
1 gestrichener TL Butter · 1 EL Aprikosenkompott

Zwischenmahlzeit:
1 Birne

kcal	Ballaststoffe	Vitamin A	Vitamin C
****	*****	**	*

Quarkbrot und Orangensaft

Vorbereitung: 5 Minuten
Zubereitung: –

2 Scheiben Roggenbrot · 60 g Magerquark
Saft einer Apfelsine (75 ml)

Zwischenmahlzeit:
5 Walnußkerne

kcal	Ballaststoffe	Vitamin A	Vitamin C
****	*****	*	*

Vollkorn-Rosinenbrötchen und Milchkaffee

Vorbereitung: 5 Minuten
Zubereitung: –

2 Vollkorn-Rosinenbrötchen
oder 3 Scheiben Vollkorn-Rosinenbrot
1 gestrichener TL Butter
1 Glas Milchkaffee (200 ml Milch, 1,5% Fett) und
1 gestrichener TL löslicher Kaffee)

Zwischenmahlzeit:
1 kleine Banane

kcal	Ballaststoffe	Vitamin A	Vitamin C
✶✶✶✶	✶✶✶✶✶	✶	✶

Milchreis mit Rosinen

Vorbereitung: 5 Minuten
Zubereitung: 15 Minuten

6 EL gekochter Naturreis (40 g roher Reis)
150 ml Milch (1,5% Fett) · 1 Blatt Gelatine
1 gestrichener TL brauner Rohrzucker
10 g Rosinen · $^1/_2$ Vanilleschote

Milch mit dem gekochten Reis aufkochen. Zucker und ausgekratzte Vanille dazugeben. Bei kleiner Hitze 15 Minuten quellen lassen. Gelatine zum Einweichen in kaltes Wasser legen. Milch vom Herd ziehen. Gelatine aus dem Wasser nehmen, ausdrücken und in der warmen Milch auflösen. Rosinen und nach Wunsch etwas Süßstoff zufügen. Das Ganze in eine kleine Schüssel füllen und für ein paar Stunden in den Kühlschrank stellen.

Zwischenmahlzeit:
1 kleine Banane

kcal	Ballaststoffe	Vitamin A	Vitamin C
***	****	*	*

MITTAGESSEN

Porreesuppe

Vorbereitung: 15 Minuten
Zubereitung: 25 Minuten

Für 4 Personen:
300 g Porree · 2 mittlere Zwiebeln
1 Stange Sellerie (40 g) · gehackte Petersilie
$^1/_2$ fettarmer Suppenwürfel · 1 Kräutersträußchen
1 l Wasser · Pfeffer

Gemüse waschen, schälen und kleinschneiden. Mit dem Wasser, dem halben Suppenwürfel und dem Kräutersträußchen in einen Topf geben und 25 Minuten kochen.
Kräutersträußchen herausnehmen. Die Suppe mixen, abschmekken und mit gehackter Petersilie bestreuen.

kcal	Ballaststoffe	Vitamin A	Vitamin C
*	**	*	*

Steak mit Champignons, Blumenkohl und Backblechkartoffeln

Vorbereitung: 20 Minuten
Zubereitung: 50 Minuten

1 Steak von 100 g · 2 TL Sonnenblumenöl
50 g Champignons · 1 EL Béchamelsauce (siehe Seite 132)
180 g Kartoffeln (= 2 mittlere) · 300 g Blumenkohl
gehackte Petersilie

Gemüse waschen. Kartoffeln sauber schrubben und 45–60 Minuten im Backofen backen. Blumenkohl 20 Minuten in Wasser kochen.
Champignons putzen, kurz waschen und zerschneiden. 1 TL Öl in einer Pfanne erhitzen. Champignons darin andünsten und 10 Minuten garen. Béchamelsauce dazugeben und verrühren. 1 TL Öl in einer Pfanne erhitzen und Steak darin braten. Fleisch, Kartoffeln und Blumenkohl auf einem Teller anrichten und mit Petersilie garnieren.
Champignonsauce über das Steak gießen. Servieren.

kcal	Ballaststoffe	Vitamin A	Vitamin C
✶✶✶✶	✶✶✶✶✶	✶✶	✶✶✶✶

Kerbel-Petersiliensuppe

Vorbereitung: 5 Minuten
Zubereitung: 15 Minuten

Für 4 Personen:
1 Bund Kerbel · 1 Bund Petersilie
$1/2$ fettarmer Suppenwürfel · 750 ml Wasser
250 ml Magermilch · Pfeffer

Kerbel und Petersilie waschen. Petersilienstengel entfernen. Kräuter, Wasser und den halben Suppenwürfel in einem Topf 15 Minuten kochen. Die Suppe mixen, Milch einrühren und abschmekken.

kcal	Ballaststoffe	Vitamin A	Vitamin C
*	*	**	*

Indisches Huhn mit Naturreis

Vorbereitung: 15 Minuten
Zubereitung: 60 Minuten

100 g Hühnerbrust · 200 g Tomaten
$^1/_2$ Zwiebel · $^1/_2$ Apfel · 1 Kräutersträußchen
1 Knoblauchzehe · Curry nach Geschmack
Pfeffer · 1 TL Olivenöl · gehackte Petersilie
1 Scheibe Ananas · 40 g Naturreis

Naturreis waschen und bei mittlerer Hitze ± 40 Minuten in der doppelten Menge Wasser aufkochen und ausquellen lassen. Tomaten häuten. Öl in einem Topf erhitzen. Zwiebel kleinschneiden und im Öl andünsten. Hühnerbrust dazugeben und auf beiden Seiten goldbraun braten. Tomaten- und Apfelstücke, Kräutersträußchen, Knoblauch, Curry und 2 EL Wasser dazugeben. Das Ganze etwa 30 Minuten zugedeckt schmoren. Anschließend Kräutersträußchen und Huhn herausnehmen. Die Sauce mixen und abschmecken. Fleisch auf einem Teller anrichten, mit der Sauce übergießen und mit Petersilie und der Scheibe Ananas garniert servieren.

kcal	Ballaststoffe	Vitamin A	Vitamin C
****	****	**	***

Brokkoli- oder Blumenkohlsuppe

Vorbereitung: 10 Minuten
Zubereitung: 20 Minuten

Für 4 Personen:
$^1/_2$ Blumenkohl oder 250 g Brokkoli
$^1/_2$ fettarmer Suppenwürfel
1 Kräutersträußchen · gehackte Petersilie
1 l Wasser · Pfeffer

Gemüse waschen und kleinschneiden. Alle Zutaten in einen Topf geben und 20 Minuten kochen. Kräutersträußchen herausnehmen. Die Suppe mixen, abschmecken und mit gehackter Petersilie garniert servieren.

kcal	Ballaststoffe	Vitamin A	Vitamin C
*	***	**	****

Seezungenfilet mit Gemüse und Kartoffeln

Vorbereitung: 15 Minuten
Zubereitung: 50 Minuten

200 g Seezungenfilet · 1/4 Apfel
1/4 Zwiebel (20 g) · 2 TL Sonnenblumenöl
1/4 Glas Weißwein · 100 g Porree · 100 g Möhren
200 g Kartoffeln (2 mittlere)

Gemüse und Apfel waschen und schälen. Zwiebel hacken und Apfel in Streifen schneiden. Kartoffeln 20 Minuten kochen. Möhren und Porree in Ringe schneiden, mischen und 20 Minuten dämpfen (oder in wenig Wasser kochen). Seezungenfilets 5 Minuten in etwas Wasser garen. Zwiebel in Öl andünsten. Apfel und Weißwein dazugeben und etwa 5 Minuten kochen. Alles auf einem Teller anrichten und den Fisch mit der Sauce übergießen.

kcal	Ballaststoffe	Vitamin A	Vitamin C
✶✶✶✶	✶✶✶✶✶	✶✶✶✶	✶✶✶

Feld- und Chicoréesalat normannisch

Vorbereitung: 10 Minuten
Zubereitung: –

25 g Feldsalat · 1/2 Staude Chicorée
1/2 kleiner Apfel · 1 TL Zitronensaft
1 EL einer leichten Sauce nach Wahl (siehe Seite 133 ff.)

Gemüse putzen und waschen, den Apfel schälen. Chicorée und Apfel kleinschneiden und mit Zitronensaft beträufeln, damit sie nicht schwarz werden. Das Ganze mit dem Feldsalat auf einem Teller anrichten und mit einem Eßlöffel leichter Sauce übergießen.

kcal	Ballaststoffe	Vitamin A	Vitamin C
*	**	**	*

Schweinegeschnetzeltes mit gefüllter Aubergine

Vorbereitung: 20 Minuten
Zubereitung: 80 Minuten

$^1/_2$ mittlere Aubergine · 25 g Naturreis
$^1/_2$ Zwiebel · $^1/_2$ Tomate · 1 Knoblauchzehe
± 100 g Schweineschnitzel oder -filet
1 TL Sonnenblumenöl · $^1/_2$ fettarmer Suppenwürfel
1 Glas Wasser · 1 TL Tomatenmark
Pfeffer · Thymian · Majoran

Naturreis waschen und bei milder Hitze ± 40 Minuten in der doppelten Menge Wasser ausquellen lassen. Aubergine aushöhlen. Auberginenfleisch würfeln und in etwas Wasser garen. Anschließend die Haut etwa 3 Minuten kochen. Tomate und Zwiebel kleinschneiden. Knoblauch hacken. Tomate, Zwiebel und Knoblauch mit dem gekochten Reis, dem Auberginenfleisch und den Gewürzen mischen und die Aubergine damit füllen. Gefüllte Aubergine in eine feuerfeste Form setzen. Den halben Suppenwürfel mit dem Tomatenmark in einem Glas heißem Wasser verrühren und über die Aubergine gießen. Das Ganze in den auf 180°C vorgeheizten Ofen schieben und etwa 15 bis 20 Minuten backen. In der Zwischenzeit das Schweinegeschnetzelte braten. Fleisch und gefüllte Aubergine auf einem Teller anrichten und mit der Sauce übergießen.

kcal	Ballaststoffe	Vitamin A	Vitamin C
****	****	**	*

Kressesuppe

Vorbereitung: 15 Minuten
Zubereitung: 15 Minuten

Für 4 Personen:
1 Kästchen Kresse · 150 g Kartoffeln
gehackte Petersilie · 1 Kräutersträußchen
700 ml Wasser · 300 ml Milch (1,5% Fett)
$^{1}/_{2}$ fettarmer Suppenwürfel · Pfeffer

Kräuter waschen und Kressestiele abtrennen. Kräuter, Wasser, Kräutersträußchen, den halben Suppenwürfel und die kleingeschnittenen Kartoffeln in einen Topf geben und etwa 15 Minuten weich kochen. Kräutersträußchen herausnehmen. Die Suppe mixen, Milch dazugeben und abschmecken.

kcal	Ballaststoffe	Vitamin A	Vitamin C
*	*	***	**

Kalbfleischbällchen mit Möhren und Kartoffeln

Vorbereitung: 15 Minuten
Zubereitung: 20 Minuten

100 g Kalbsgehacktes · 2 EL gehackte Petersilie
1 TL Schnittlauchröllchen · $^1/_2$ gehackte Zwiebel
200 g Kartoffeln · 250 g Möhren
1 TL Pflanzenöl · Pfeffer

2 Töpfe aufsetzen und Wasser darin aufkochen. Möhren und Kartoffeln waschen, schälen und getrennt gar kochen. Hackfleisch in eine Schüssel geben. Gehackte Zwiebel, 1 EL Petersilie und Schnittlauch dazugeben und würzen. Daraus 2 Fleischbällchen formen und diese in einer beschichteten Pfanne braten. Anschließend die gekochten Möhren mit der restlichen Petersilie bestreut in etwas Öl schwenken.

kcal	Ballaststoffe	Vitamin A	Vitamin C
****	*****	****	****

Sojakeimsalat

Vorbereitung: 15 Minuten
Zubereitung: 3 Minuten

35 g Sojakeime (siehe Seite 14)
je $^1/_8$ rote und grüne Paprikaschote
einige Salatblätter (Herz)
Für die Sauce:
1 TL Sojasauce · 1 EL Zitronensaft · Pfeffer

Gemüse waschen. Sojakeime 3 Minuten in kochendem Wasser blanchieren, abtropfen und abkühlen lassen. Mit den kleingeschnittenen Paprikaschoten mischen und zusammen mit den Salatblättern auf einem Teller anrichten. Sojasauce, Zitronensaft und Pfeffer in einer Schüssel verrühren und mit dem Salat servieren.

kcal	Ballaststoffe	Vitamin A	Vitamin C
*	*	*	***

Rochen mit Spargel und Backblechkartoffeln

Vorbereitung: 15 Minuten
Zubereitung: 45 Minuten

200 g Rochen oder anderer frischer Fisch
200 g Kartoffeln · 300 g Spargel · gehackte Petersilie
2 EL leichte Tatarensauce (siehe Seite 136)

Kartoffeln waschen und 45 bis 60 Minuten im Backofen backen. Spargel waschen, schälen und 20 Minuten in kochendem Wasser garen. Rochen etwa 10 Minuten in siedendem Wasser pochieren. Das Ganze auf einem Teller anrichten, 2 EL Tatarensauce dazugeben und mit gehackter Petersilie garnieren.

kcal	Ballaststoffe	Vitamin A	Vitamin C
✱✱✱✱	✱✱✱✱✱	✱✱	✱✱✱✱

Tomatensuppe

Vorbereitung: 20 Minuten
Zubereitung: 25 Minuten

Für 4 Personen:
1 kg Tomaten · 1 EL Tomatenmark
2 große Zwiebeln · 1 Stange Sellerie (40 g)
1 Möhre (150 g) · 1/2 fettarmer Suppenwürfel
gehackte Petersilie · 1 Kräutersträußchen
1 l Wasser · Pfeffer

Gemüse waschen, schälen und kleinschneiden. Tomaten häuten. Alle Zutaten in einem Topf 25 Minuten kochen lassen. Kräutersträußchen herausnehmen. Die Suppe mixen, abschmecken und mit gehackter Petersilie bestreut servieren.

kcal	Ballaststoffe	Vitamin A	Vitamin C
****	*****	**	****

Putenbrustfilet mit Endiviengemüse und Vollkornnudeln

Vorbereitung: 10 Minuten
Zubereitung: 20 Minuten

1 Putenbrustfilet (± 120 g) · 1/2 mittlere Zwiebel
1 Bund Schnittlauch · 1 Glas trockener Weißwein
1 Glas Wasser · 1 TL Öl · 1 TL Vollkornweizenmehl
1 EL Milch · 200 g Endivien oder Chicorée
2 EL Béchamelsauce (siehe Seite 132)
40 g Vollkornnudeln · Pfeffer

Fett in einer Pfanne erhitzen und Putenbrustfilet darin anbraten. Wasser, Wein und gehackte Zwiebel dazugeben und das Ganze 10–15 Minuten schmoren. Zum Schluß die Schnittlauchröllchen unterrühren.
In Streifen geschnittene Endivie oder Chicorée ca. 10 Minuten kochen; die Vollkornnudeln in Salzwasser garen.
Die Béchamelsauce zum Gemüse geben. Schnittlauchsauce mit Vollkornmehl und Milch binden; abschmecken. Putenbrustfilet, Endivien- oder Chicoréegemüse und Nudeln auf einem Teller anrichten. Fleisch und Nudeln mit der Sauce begießen und servieren.

kcal	Ballaststoffe	Vitamin A	Vitamin C
****	*****	**	****

Gurkensuppe

Vorbereitung: 15 Minuten
Zubereitung: 15 Minuten

Für 4 Personen:
2 Gurken · 1 Zwiebel · gehackte Petersilie
$^1/_2$ fettarmer Suppenwürfel · 900 ml Wasser
100 ml Milch (1,5% Fett)

Gemüse waschen und schälen. Gurken und Zwiebel in dünne Scheiben schneiden und mit dem Wasser und dem halben Suppenwürfel in einen Topf geben.
15 Minuten kochen. Die Suppe mixen, dabei Milch hinzufügen. Abschmecken und mit Petersilie bestreuen.

kcal	Ballaststoffe	Vitamin A	Vitamin C
*	**	*	**

Omelett auf Bauernart

Vorbereitung: 10 Minuten
Zubereitung: 10 Minuten

2 Eier · 1 Tomate · 50 g frische Champignons
$^1/_2$ Zwiebel · 80 g gekochte Kartoffeln
20 g Hartkäse (Fettgehalt 20%) · 1 TL Olivenöl
gehackte Petersilie · 1 TL Schnittlauchröllchen
Pfeffer · Paprika
1 Scheibe Vollkorn- oder Graubrot

Tomate häuten und kleinschneiden. Restliches Gemüse waschen und in Scheiben schneiden. Öl in eine beschichtete Pfanne geben. Zwiebel, Pilze und Kartoffeln darin andünsten. Tomate zufügen. Eier mit 2 EL Wasser aufschlagen. Mit Schnittlauch und Petersilie verrühren und würzen. Gewürfelten Käse dazugeben. Eiermasse bei schwacher Hitze in der Pfanne braten. Bratvorgang im Backofen (Grill) beenden, damit das Omelett sich leicht von der Pfanne löst. Mit einer Scheibe Vollkornbrot servieren.

kcal	Ballaststoffe	Vitamin A	Vitamin C
****	*****	**	**

Endiviensalat mit Champignons und Tomaten

Vorbereitung: 15 Minuten
Zubereitung: –

30 g Endiviensalat · 2 Champignons
1 kleine Tomate · 1 TL Zitronensaft · gehackte Petersilie
1 EL leichte Sauce nach Wahl (siehe Seite 133 ff.)

Gemüse waschen. Salat mit der Schere zerkleinern. Tomate und Champignons in Scheiben schneiden. Champignons mit Zitronensaft beträufeln, damit sie nicht schwarz werden. Salat, Champignons und Tomate auf einem Teller anrichten und mit Petersilie garnieren. 1 EL leichte Sauce dazugeben und servieren.

kcal	Ballaststoffe	Vitamin A	Vitamin C
*	*	**	*

Spaghetti alla bolognese

Vorbereitung: 20 Minuten
Zubereitung: 60 Minuten

Für 4 Personen:
1 Dose geschälte Tomaten (800 g) · 150 g Möhren
3 Stangen Sellerie · 3 kleine Zwiebeln (± 250 g)
200 g gehacktes Kalbfleisch · 200 g Rinderhackfleisch
2 Knoblauchzehen · 1 TL Olivenöl · Thymian
Lorbeer · Pfeffer · Cayennepfeffer
Pro Person:
80 g Vollkornnudeln
1 dünne Scheibe Hartkäse (Fettgehalt 20%)

Möhren, Sellerie und Zwiebeln fein hacken. Olivenöl in einem Schmortopf erhitzen. Hackfleisch und Zwiebeln darin anbraten. Die anderen Zutaten dazugeben. Das Ganze etwa 60 Minuten bei schwacher Hitze schmoren. Abschmecken. Thymian und Lorbeerblatt herausnehmen. Vollkornnudeln knapp 10 Minuten in kochendem Wasser garen. Das Ganze mit dem gewürfelten Käse garniert servieren.

Tip: Die restliche Sauce kann portioniert eingefroren werden.

kcal	Ballaststoffe	Vitamin A	Vitamin C
*****	*****	****	***

Kerbelsuppe

Vorbereitung: 15 Minuten
Zubereitung: 25 Minuten

Für 4 Personen:
2 kleine Zwiebeln · 100 g Porree · 2 Bund Kerbel
gehackte Petersilie · $^1/_2$ fettarmer Suppenwürfel
1 Kräutersträußchen · 1 l Wasser · Pfeffer

Gemüse waschen, schälen und kleinschneiden. Zwiebeln, Wasser, Kräutersträußchen und den halben Suppenwürfel in einem Topf etwa 15 Minuten kochen. Gehackten Kerbel zufügen und weitere 10 Minuten kochen.
Kräutersträußchen herausnehmen, Suppe mixen, abschmecken und mit Petersilie garnieren.

kcal	Ballaststoffe	Vitamin A	Vitamin C
*	**	*	*

Schweinekotelett in Senfsauce mit Rosenkohl und Kartoffeln

Vorbereitung: 5 Minuten
Zubereitung: 20 Minuten

1 entfettetes Schweinekotelett von ± 120 g · 1 TL Senf
1/4 Glas trockener Weißwein und 4 EL (50 ml) Wasser
2 EL Milch · Thymian · 1 Lorbeerblatt · Pfeffer
200 g Kartoffeln · 150 g Rosenkohl · Muskat
1 TL Öl oder Butter · gehackte Petersilie

2 Töpfe aufsetzen und Wasser darin aufkochen. Kartoffeln waschen, schälen und in einem der Töpfe garen. Rosenkohl putzen und im anderen Topf kochen. Fleisch in einer beschichteten Pfanne anbraten. Weißwein, Wasser, Senf, Lorbeer, Thymian und Pfeffer dazugeben. Bei schwacher Hitze zugedeckt schmoren. Vom Herd nehmen und Milch einrühren. Gekochten Rosenkohl mit Petersilie bestreut in etwas Fett schwenken.

kcal	Ballaststoffe	Vitamin A	Vitamin C
****	*****	*	****

Sellerie-Möhrensuppe

Vorbereitung: 15 Minuten
Zubereitung: 25 Minuten

Für 4 Personen:
500 g Knollensellerie · 200 g Möhren · 1 Zwiebel
etwas Kerbel zum Garnieren · $^1/_2$ fettarmer Suppenwürfel
1 Kräutersträußchen · 1 l Wasser · Pfeffer

Gemüse waschen, schälen und kleinschneiden. Gemüse, Wasser, den halben Suppenwürfel und das Kräutersträußchen in einen Topf geben und 25 Minuten kochen.
Das Kräutersträußchen herausnehmen. Die Suppe mixen, abschmecken und mit Kerbel garnieren.

kcal	Ballaststoffe	Vitamin A	Vitamin C
*	****	***	*

Mussaka

Vorbereitung: 20 Minuten
Zubereitung: 40 Minuten

100 g Gehacktes vom Lamm · 200 g Auberginen
150 g geschälte Tomaten · 40 g Zwiebeln
120 g Kartoffeln · 1 EL Öl · $^1/_2$ Glas Wasser
15 g geriebener Hartkäse (Fettgehalt 20%)
2 EL Béchamelsauce (siehe Seite 132)

Gemüse waschen und schälen. Auberginen, Kartoffeln und Zwiebeln in Scheiben schneiden. Fleisch und Zwiebeln in etwas Fett anbraten. Kartoffelscheiben und Auberginenscheiben abwechselnd in eine feuerfeste Form schichten. Fleisch, Zwiebeln, geschälte Tomaten und das halbe Glas Wasser dazugeben. Das Ganze mit der Béchamelsauce und dem geriebenen Käse bedecken, in den auf 210°C vorgeheizten Ofen stellen und 40 bis 60 Minuten backen.

kcal	Ballaststoffe	Vitamin A	Vitamin C
****	*****	*	***

Zwiebelsuppe

Vorbereitung: 20 Minuten
Zubereitung: 45 Minuten

Für 4 Personen:
4 große Zwiebeln (600 g) · 1 Stange Sellerie (40 g)
$^{1}/_{2}$ fettarmer Suppenwürfel · gehackte Petersilie
1 TL Öl · 1 l Wasser · Pfeffer

Gemüse waschen, schälen und kleinschneiden. Fett in einen Topf geben und Zwiebeln darin glasig braten. Wasser, Sellerie und den halben Suppenwürfel dazugeben und etwa 25 Minuten kochen. Suppe mixen, abschmecken und mit Petersilie garniert servieren.

kcal	Ballaststoffe	Vitamin A	Vitamin C
*	**	*	*

Kabeljau in feinem Gemüse mit Naturreis

Vorbereitung: 15 Minuten
Zubereitung: 60 Minuten

200 g frischer oder tiefgefrorener Kabeljau
1 Zwiebel · 1 Möhre · $^1/_2$ Porree · 2 Stangen Sellerie
1 Kräutersträußchen · 1 TL Öl · $^1/_4$ Glas trockener Weißwein
Pfeffer · gehackte Petersilie · 40 g Naturreis

Naturreis waschen und bei mittlerer Hitze etwa 40 Minuten in der doppelten Menge Wasser aufkochen und ausquellen lassen. Gemüse waschen, in kleine Streifen schneiden und etwa 10 Minuten in etwas Fett anschwitzen. In eine feuerfeste Form geben. Fisch, Weißwein sowie Kräutersträußchen zufügen und würzen. Das Ganze zugedeckt 20 bis 30 Minuten in einem auf 150°C vorgeheizten Ofen backen. Mit Petersilie garnieren und zusammen mit dem Naturreis servieren.

kcal	Ballaststoffe	Vitamin A	Vitamin C
****	*****	****	**

Mimosa-Salat

Vorbereitung: 15 Minuten
Zubereitung: 5 Minuten

3 Salatblätter · 2 Radicchioblätter (roter Salat)
1/2 hartgekochtes Ei · gehackte Petersilie
1 EL leichte Sauce nach Wahl (siehe Seite 133 ff.)

Salatblätter waschen und kleinschneiden. Ei etwa 7 Minuten kochen, dann schälen und fein hacken. Salat- und Radicchioblätter auf einem Teller anrichten. Das gehackte Ei in die Mitte geben. Mit Petersilie bestreuen und 1 EL leichte Sauce dazugeben.

kcal	Ballaststoffe	Vitamin A	Vitamin C
*	*	**	*

Überbackener Chicorée mit Kartoffelpüree

Vorbereitung: 15 Minuten
Zubereitung: 40 Minuten

2 Stauden Chicorée · 2 Scheiben magerer Schinken
50 ml Magermilch · 15 g Hartkäse (Fettgehalt 20%)
200 g Kartoffeln · 2 EL Béchamelsauce

Chicorée waschen und 20 Minuten dämpfen oder in kochendem Wasser garen. Kartoffeln waschen, schälen und 20 Minuten kochen. Kartoffelpüree zubereiten. Chicorée mit Schinkenscheiben umwickeln und in eine feuerfeste Form legen. Mit der Béchamelsauce überziehen und mit dem geriebenen Käse bestreuen. Püree dazugeben und etwa 5 Minuten im Backofen gratinieren.

kcal	Ballaststoffe	Vitamin A	Vitamin C
✶✶✶✶	✶✶✶✶✶	✶	✶✶

Bauernsuppe

Vorbereitung: 15 Minuten
Zubereitung: 25 Minuten

Für 4 Personen:
1 Möhre (150 g) · 2 mittlere Rüben · 200 g Porree
100 g Erbsen · $^1/_2$ fettarmer Suppenwürfel · gehackte Petersilie
1 Kräutersträußchen · 1 l Wasser · Pfeffer

Gemüse waschen, schälen und kleinschneiden. Alle Zutaten außer der Petersilie in einen Topf geben und 25 Minuten kochen. Das Kräutersträußchen herausnehmen, die Suppe abschmecken und mit Petersilie garniert servieren.

kcal	Ballaststoffe	Vitamin A	Vitamin C
*	***	***	**

Putenbrustfilet mit Champignons und Kartoffeln

Vorbereitung: 15 Minuten
Zubereitung: 20 Minuten

1 Putenbrustfilet von 100 g · 200 g frische Champignons
1 Msp Tomatenmark · 2 EL Milch · 1 TL Öl · 200 g Kartoffeln
1 Kästchen Kresse · Pfeffer · Paprika

Kartoffeln waschen und ungeschält kochen. Champignons waschen und kleinschneiden. Kresse waschen. Fett in einer beschichteten Pfanne erhitzen und Putenbrustfilet darin anbraten. Champignons dazugeben, sobald das Fleisch von beiden Seiten leicht gebräunt ist.
Tomatenmark, Milch, Paprika und Pfeffer zum gebratenen Fleisch geben und 2 Minuten einkochen. Mit Kresse garnieren und zusammen mit den geschälten Kartoffeln servieren.

kcal	Ballaststoffe	Vitamin A	Vitamin C
***	****	**	**

Spinatsuppe

Vorbereitung: 25 Minuten
Zubereitung: 20 Minuten

Für 4 Personen:
500 g frischer Spinat (oder 420 g tiefgefrorener Spinat)
1 kleine Zwiebel · 1/2 Stange Sellerie
1/2 fettarmer Suppenwürfel · 900 ml Wasser
200 ml Magermilch · Pfeffer

Gemüse waschen, schälen und kleinschneiden. Spinatstengel entfernen. Alles Gemüse, Wasser und den halben Suppenwürfel in einen Topf geben und 20 Minuten kochen. Die Suppe mixen, dabei Milch zufügen und abschmecken.

kcal	Ballaststoffe	Vitamin A	Vitamin C
*	***	***	***

Goldbrasse provenzalisch mit Kartoffelpüree

Vorbereitung: 15 Minuten
Zubereitung: 30 Minuten

200 g Goldbrasse · $^1/_4$ mittlere Zwiebel
1 Knoblauchzehe · 100 g geschälte Tomaten
50 g frische Champignons · $^1/_4$ grüne Paprikaschote
± 85 g Zucchini · 1 TL Tomatenmark · 1 Glas Wasser
200 g Kartoffeln · 3 EL Magermilch · 1 TL Olivenöl
Zitronensaft · Pfeffer · Thymian · Paprika
Muskat · gehackte Petersilie

Gemüse waschen und schälen. Zwiebel, Tomate und Paprikaschote kleinschneiden. Zucchini und Champignons in Scheiben schneiden. Das ganze Gemüse in eine feuerfeste Form geben. Fisch in Zitronensaft wenden und auf das Gemüse legen. Tomatenmark mit einem Glas Wasser verrühren. Pfeffer, Thymian, Paprika und gehackten Knoblauch dazugeben. Das Ganze über den Fisch gießen und für etwa 30 Minuten in den auf 180°C vorgeheizten Backofen stellen. Inzwischen Kartoffeln waschen, schälen und gar kochen. Kartoffelpüree zubereiten und nach Wunsch mit Muskat abschmecken. Goldbrasse mit etwas gehackter Petersilie garnieren.

kcal	Ballaststoffe	Vitamin A	Vitamin C
✱✱✱✱	✱✱✱✱	✱✱	✱✱✱✱

Gurkensalat

Vorbereitung: 10 Minuten
Zubereitung: –

$^1/_4$ Gurke · $^1/_2$ Kästchen Kresse
1 EL gehackte Radieschen · gehackte Petersilie
1 EL leichte Sauce nach Wahl (siehe Seite 133 ff.)

Gemüse waschen. Gurke schälen und in Scheiben schneiden. Kresse auf einem Teller anrichten. Gurkenscheiben darauflegen. Petersilie und Radieschen hacken und darüber streuen. Den Salat mit leichter Sauce servieren.

kcal	Ballaststoffe	Vitamin A	Vitamin C
*	*	**	**

Waterzooi* vom Huhn

Vorbereitung: 20 Minuten
Zubereitung: 40 Minuten

120 g Hühnerbrust · 1/2 mittlere Möhre
1/2 Zwiebel · 1/2 Porree (nur vom Weißen)
1/2 Stange Sellerie · 1/2 fettarmer Suppenwürfel
gehackte Petersilie · 200 g Kartoffeln
2 EL Milch · 1 TL Maisstärke · 2 Glas Wasser
Pfeffer · Muskat

Gemüse waschen und kleinschneiden. Mit dem Wasser und dem halben Suppenwürfel in einen Topf geben und aufkochen. Das gewürfelte Hühnerfleisch dazugeben und 20 bis 30 Minuten kochen. Inzwischen Kartoffeln waschen, schälen und gar kochen. Maisstärke in etwas kaltem Wasser auflösen und zum Fleisch geben. Kochen, bis die Sauce gebunden ist. Milch zufügen und mit gehackter Petersilie garniert servieren.

* Waterzooi (belg.) – Ragout von Geflügel oder Fisch, typische Hausmannskost der belgischen Flamen.

kcal	Ballaststoffe	Vitamin A	Vitamin C
✶✶✶✶	✶✶✶✶	✶✶✶✶	✶✶✶

Petersiliensuppe

Vorbereitung: 15 Minuten
Zubereitung: 15 Minuten

Für 4 Personen:
1 Bund Frühlingszwiebeln · 1 Bund Petersilie
2 Knoblauchzehen · 1/2 fettarmer Suppenwürfel
1 TL Öl · 1 l Wasser · Pfeffer

Zwiebeln und Petersilie waschen. Petersilienstengel entfernen. Kleingeschnittene Zwiebeln in Öl andünsten. Petersilie, Knoblauch, Wasser und den halben Suppenwürfel dazugeben. 15 Minuten simmern lassen. Die Suppe mixen und abschmecken.

kcal	Ballaststoffe	Vitamin A	Vitamin C
*	**	**	**

Steak mit Schwarzwurzeln und Petersilienkartoffeln

Vorbereitung: 5 Minuten
Zubereitung: 30 Minuten

1 Steak von 100 g · 1 TL Sonnenblumenöl
150 g tiefgefrorene Schwarzwurzeln
2 EL Béchamelsauce (siehe Seite 132)
gehackte Petersilie · 200 g Kartoffeln

Kartoffeln waschen, schälen und 20 Minuten kochen. Schwarzwurzeln 5 Minuten in Wasser garen, abtropfen lassen und mit 2 EL Béchamelsauce und etwas gehackter Petersilie mischen. Öl in einer Pfanne erhitzen, Steak darin braten. Das Ganze auf einem Teller anrichten, Kartoffeln mit Petersilie garnieren und servieren.

kcal	Ballaststoffe	Vitamin A	Vitamin C
✶✶✶✶	✶✶✶✶	✶✶	✶✶✶

Chicoréesuppe

Vorbereitung: 10 Minuten
Zubereitung: 30 Minuten

Für 4 Personen:
600 g Chicorée · 2 mittlere Zwiebeln
$^1/_2$ fettarmer Suppenwürfel · 1 Kräutersträußchen
1 TL Öl · 1 l Wasser · 2 EL verdünnte Sahne
gehackte Petersilie · Pfeffer · Muskat

Chicorée-Stauden waschen und kleinschneiden. Fett in einem Topf erhitzen und Chicorée 10 Minuten darin andünsten. Das Wasser, den halben Suppenwürfel und das Kräutersträußchen dazugeben und würzen. Aufkochen und 20 Minuten bei schwacher Hitze köcheln lassen.
Das Kräutersträußchen herausnehmen, die Suppe mixen und abschmecken. Vor dem Servieren die verdünnte Sahne einrühren und mit gehackter Petersilie bestreuen.

kcal	Ballaststoffe	Vitamin A	Vitamin C
*	***	*	*

Chop-Suey

Vorbereitung: 15 Minuten
Zubereitung: 60 Minuten

100 g Sojakeime (siehe Seite 14) · 30 g Möhren
35 g Zwiebeln · 35 g grüne Paprikaschote
35 g Champignons · 100 g gegartes Hühnerfleisch
1 TL Sesamöl · 2 EL Sojasauce
$^1/_2$ Knoblauchzehe · 30 g Naturreis

Gemüse waschen, schälen und kleinschneiden. Hühnerfleisch würfeln. Reis waschen und bei mittlerer Hitze etwa 40 Minuten in der doppelten Menge Wasser aufkochen und ausquellen lassen. Sojakeime und Paprikaschote blanchieren. Möhren 15 Minuten kochen. Zwiebel und Knoblauchzehe in etwas Öl andünsten. Hühnerfleisch und Champignons dazugeben. Alle Zutaten mischen und mit Sojasauce würzen. Mit dem Reis servieren.

kcal	Ballaststoffe	Vitamin A	Vitamin C
****	***	***	****

Sellerie-Tomatensalat

Vorbereitung: 10 Minuten
Zubereitung: –

2 Stangen Sellerie · 1 mittlere Tomate · gehackte Petersilie
1 EL leichte Sauce nach Wahl (siehe Seite 133 ff.)

Gemüse waschen, Sellerie in Stücke und Tomate in dünne Scheiben schneiden. Beides auf einem Teller anrichten und mit gehackter Petersilie garnieren. Den Salat mit 1 EL leichter Sauce servieren.

kcal	Ballaststoffe	Vitamin A	Vitamin C
✶	✶✶✶	✶✶	✶✶

Marinierte Lammkeule mit Prinzeßbohnen und Kartoffeln

Vorbereitung: 15 Minuten
Zubereitung: 20 Minuten

120 g entfettete Lammkeule · 2 TL Öl
150 g Prinzeßbohnen · 200 g Kartoffeln · gehackte Petersilie
Für die Marinade:
150 g magerer Joghurt · 1 Zwiebel · 1 Knoblauchzehe
Pfeffer · einige Blätter frische Minze

Für die Marinade gehackte Zwiebel, gehackten Knoblauch, Joghurt, Pfeffer und Minzblätter in eine Schüssel geben und mischen. Fleisch hineinlegen und 24 Stunden zugedeckt im Kühlschrank ziehen lassen. Gemüse waschen. Geputzte Bohnen und geschälte Kartoffeln getrennt in Wasser kochen. Fleisch aus der Marinade nehmen. Die Hälfte des Öls in einer Pfanne erhitzen und das Lammfleisch darin braten. Restliches Fett in einen Topf geben, die gekochten Bohnen darin schwenken und mit Petersilie garnieren.

kcal	Ballaststoffe	Vitamin A	Vitamin C
****	****	**	***

Suppe nach Försterinart

Vorbereitung: 15 Minuten
Zubereitung: 20 Minuten

Für 4 Personen:
250 g Pilze · 2 kleine Zwiebeln · 1 Stange Sellerie (40 g)
$^1/_2$ fettarmer Suppenwürfel · gehackte Petersilie · 1 TL Distelöl
900 ml Wasser · 200 ml Magermilch · Pfeffer

Gemüse waschen, schälen und kleinschneiden. Fett in einem Topf erhitzen und Pilze und Zwiebeln 10 Minuten darin andünsten. Wasser, Sellerie und den halben Suppenwürfel dazugeben und das Ganze 10 Minuten kochen. Die Suppe mixen, Milch dazugeben, abschmecken und mit Petersilie garniert servieren.

kcal	Ballaststoffe	Vitamin A	Vitamin C
*	*	*	*

Kalbsschnitzel italienisch mit Brokkoli und Tagliatelle

Vorbereitung: 10 Minuten
Zubereitung: 40 Minuten

1 Kalbsschnitzel von 100 g
1 gestrichener TL Pflanzenöl · $^1/_4$ Glas Weißwein
1 Scheibe Bayonner oder anderer magerer Schinken
10 frische Basilikumblätter · 150 g Brokkoli
40 g Tagliatelle (Bandnudeln)

Brokkoli 20 Minuten in kochendem Wasser garen. Basilikum waschen. Fett in einer Pfanne erhitzen und Kalbsschnitzel darin anbraten. Mit Weißwein ablöschen. Tagliatelle 7 Minuten kochen. Den in Streifen geschnittenen Schinken und die zerkleinerten Basilikumblätter zum Fleisch geben und weitere 3 Minuten kochen. Fleisch und Tagliatelle auf einem Teller anrichten, Sauce über die Nudeln gießen und servieren.

kcal	Ballaststoffe	Vitamin A	Vitamin C
****	****	***	****

Minestrone

Vorbereitung: 25 Minuten
Zubereitung: 20 Minuten

Für 4 Personen:
2 frische Tomaten (300 g) · 1 EL Tomatenmark
2 Stangen Sellerie (80 g) · 2 mittlere Zwiebeln
100 g Brokkoli · 4 Knoblauchzehen
1 Stange Porree (nur das Weiße) · 1 Möhre (150 g)
1 Kräutersträußchen · 1 $^1/_4$ l Wasser · Pfeffer

Gemüse waschen, schälen und kleinschneiden. Tomaten häuten und entkernen. Brokkoli und Tomaten vorläufig beiseite stellen. Alle anderen Zutaten zum Kochen bringen und 10 Minuten kochen. Die 2 restlichen Zutaten dazugeben und weitere 10 Minuten kochen. Kräutersträußchen herausnehmen. Die Suppe abschmecken.

kcal	Ballaststoffe	Vitamin A	Vitamin C
*	***	***	*

Kabeljau mit Spinat und Kartoffeln

Vorbereitung: 10 Minuten
Zubereitung: 45 Minuten

200 g Kabeljaufilet, frisch oder tiefgekühlt
Zitronensaft · Salz · Pfeffer
4 Schalotten · 1 TL Senf · $^1/_2$ Glas Weißwein
200 g tiefgekühlter Spinat · 1 TL Distelöl
200 g Kartoffeln

Kartoffeln schälen und waschen, Schalotten schälen und kleinschneiden. Spinat 10 Minuten kochen. Fisch mit Zitronensaft, Pfeffer und Salz würzen.
Das Öl in einem Topf erhitzen und die kleingeschnittenen Schalotten darin andünsten. Senf und Weißwein dazugeben. Fisch darauflegen und ca. 7 Minuten dünsten. Kartoffeln und Spinat mit dem Fisch auf einem Teller anrichten, die Sauce über den Fisch gießen und servieren.

kcal	Ballaststoffe	Vitamin A	Vitamin C
✱✱✱✱	✱✱✱✱✱	✱✱✱✱	✱✱✱✱

ABENDESSEN

Thunfischbrötchen

Vorbereitung: 15 Minuten
Zubereitung: –

2 Vollkornbrötchen · 1 geriebene Möhre
2 EL Kresse · $1/2$ Tomate (in Scheiben)
50 g Thunfisch in eigenem Saft
1 TL leichte Mayonnaise (siehe Seite 135)
1 TL Ketchup · Cayennepfeffer
Paprika · Pfeffer

Den Thunfisch mit leichter Mayonnaise, Ketchup, Cayennepfeffer und Paprika mischen. Aufgeschnittene Brötchen mit der Kresse, der geriebenen Möhre, den Tomatenscheiben und dem Thunfisch garnieren. Gemüse pfeffern. Brötchen schließen und servieren.

kcal	Ballaststoffe	Vitamin A	Vitamin C
***	****	****	*

Apfelkuchen

Vorbereitung: 15 Minuten
Zubereitung: 30 Minuten

Für 5 Personen:
150 g Weizenmehl (Type 1050) · 40 g Butter
1 Ei · 25 g brauner Rohrzucker · 2 Cox-Orange-Äpfel
1 Vanilleschote · 1 gestrichener TL Backpulver

Ofen auf 200°C vorheizen. Eigelb und Zucker schaumig schlagen. Mehl, ausgekratzte Vanilleschote, Backpulver und Fett dazugeben. Alles gut mischen und das zu Schnee geschlagene Eiweiß vorsichtig unterheben. Äpfel schälen, kleinschneiden und in Zimt wenden. Backform mit Mehl bestäuben und einen Teil des Teigs hineingeben. Apfelstücke darauflegen, dann den restlichen Teig darüber verteilen. In den Ofen schieben und etwa 30 Minuten backen. Kuchen aus der Form lösen und auf einem Rost abkühlen lassen.

kcal	Ballaststoffe	Vitamin A	Vitamin C
*	**	*	*

Nudelsalat mit Schinken

Vorbereitung: 15 Minuten
Zubereitung: 7 Minuten

40 g Vollkornnudeln (z. B. Muscheln)
je 30 g rote und grüne Paprikaschote · 100 g Mais
1 Scheibe magerer Schinken · 10 g Zwiebel
1 EL Joghurtsauce (siehe Seite 137) · gehackte Petersilie

Gemüse waschen und kleinschneiden. Petersilie hacken. Nudeln etwa 10 Minuten kochen, anschließend abtropfen und abkühlen lassen. Schinken in Streifen schneiden. Alle Zutaten mit der Joghurtsauce mischen. Das Ganze auf einem Teller anrichten und mit Petersilie garnieren.

kcal	Ballaststoffe	Vitamin A	Vitamin C
***	****	*	***

Joghurt mit Kiwi und Mandarine

Vorbereitung: 10 Minuten
Zubereitung: –

100 ml magerer Joghurt
1 Kiwi · 1 Mandarine · 1 Spritzer Süßstoff

Das Obst schälen. Mandarine filetieren und Kiwi in Scheiben schneiden. Mit Joghurt und wenig Süßstoff mischen und kühl servieren.

kcal	Ballaststoffe	Vitamin A	Vitamin C
*	*	*	***

Naturreis-Salat mit Huhn

Vorbereitung: 15 Minuten
Zubereitung: 60 Minuten

40 g Naturreis (6 EL gekochter Reis)
50 g gebratene Hühnerbrust · 1 Stange Sellerie
1 kleine Tomate · 10 g Rosinen · 1 EL Maiskörner
$^{1}/_{4}$ grüne Paprikaschote
1 EL leichte Mayonnaise (siehe Seite 135)
1 EL Zitronensaft · Curry nach Geschmack
Pfeffer · einige Salatblätter (Kopfsalat oder Endivie)

Reis waschen und bei mittlerer Hitze ± 40 Minuten in der doppelten Menge Wasser aufkochen und ausquellen lassen. Anschließend mit kaltem Wasser abspülen. Gemüse waschen und kleinschneiden. Alle Zutaten mischen. Mit den Salatblättern auf einem Teller anrichten und Servieren.

kcal	Ballaststoffe	Vitamin A	Vitamin C
✶✶✶	✶✶✶✶	✶✶	✶✶✶

Zitronencreme

Vorbereitung: 20 Minuten
Zubereitung: 1 Minute

Saft von 2 Zitronen
abgeriebene Schale einer unbehandelten Zitrone
$^1/_2$ Blatt Gelatine · 1 Eiweiß · etwas flüssiger Süßstoff
50 g Magerquark · 2–3 EL Waldbeeren

Obst waschen. Zitronen auspressen und die Schale einer Zitrone abreiben. Gelatine in kaltem Wasser einweichen. Zitronensaft wärmen. Abgetropfte Gelatine, Quark und Süßstoff dazugeben. Das Eiweiß zu Schnee schlagen und vorsichtig unterheben. Das Ganze in eine Form füllen und 2 Stunden im Kühlschrank fest werden lassen. Auf einen Teller stürzen, mit Waldbeeren garnieren und kühl servieren.

kcal	Ballaststoffe	Vitamin A	Vitamin C
✶	–	✶	✶

Ei auf Florentiner Art

Vorbereitung: 10 Minuten
Zubereitung: 15 Minuten

1 Ei · 150 g tiefgefrorener Spinat
1 Scheibe Vollkornbrot
2 EL Béchamelsauce (siehe Seite 132)
15 g geriebener Hartkäse (Fettgehalt 20 %)

Brotscheibe toasten und auf einen feuerfesten Teller legen. Spinat kochen und über das Brot verteilen. Ei etwa 5 Minuten pochieren (in einer Kelle in siedendes Wasser mit einem Schuß Essig gleiten lassen), abschrecken, schälen und auf den Spinat legen. Das Ganze mit Béchamelsauce überziehen und mit dem geriebenen Käse bestreuen. Kurz überbacken und servieren.

kcal	Ballaststoffe	Vitamin A	Vitamin C
***	*****	****	****

Apfelsinensalat mit Zimt

Vorbereitung: 10 Minuten
Zubereitung: –

1 ungespritzte Orange · 1 EL Zitronensaft
1 EL brauner Rohrzucker · Zimt
einige Blätter frische Minze

Apfelsine so schälen, daß auch die weiße Haut entfernt wird. Fruchtfleisch in feine Scheiben schneiden. Auf einem Teller anrichten und Zitronensaft, Zucker und Zimt dazugeben. Das Ganze für eine halbe Stunde in den Kühlschrank stellen und vor dem Servieren mit den Minzblättern garnieren.

kcal	Ballaststoffe	Vitamin A	Vitamin C
✶	✶✶✶✶	✶	✶✶✶✶

Croque-Monsieur

Vorbereitung: 5–15 Minuten
Zubereitung: 5 Minuten

2 Scheiben Vollkornbrot · 1–2 Scheiben magerer Schinken
2 Scheiben Hartkäse (Fettgehalt 20 %)
1 Tomate · Paprika · $^1/_2$ geriebene Möhre
2 kleingeschnittene Salatblätter · 1 TL Zitronensaft
gehackte Petersilie

Grillgerät vorheizen. Schinken- und Käsescheiben sowie eine halbe in Scheiben geschnittene Tomate auf das Brot legen. Pfeffern, mit Paprika bestreuen und im Grillgerät rösten. Salat, Möhre und restliche Tomate mit Zitronensaft beträufeln und mit Petersilie garnieren. Croque-Monsieur auf einem Teller anrichten und mit der Garnitur servieren.

kcal	Ballaststoffe	Vitamin A	Vitamin C
***	*****	****	**

Karamelisierte Ananas

Vorbereitung: 5 Minuten
Zubereitung: 1–2 Minuten

3 Scheiben Ananas frisch oder aus der Dose
(im eigenen Saft)
3 Erdbeeren · 1 EL magerer Joghurt
1 EL brauner Rohrzucker

Ananasscheiben abtropfen lassen und in eine feuerfeste Form geben. Erdbeeren waschen und in die Mitte der Ananasscheiben legen. Den Joghurt darüber verteilen und das Ganze mit dem Rohrzucker bestreuen. 1–2 Minuten im vorgeheizten Ofen überbacken, bis der Zucker karamelisiert. Sofort servieren.

kcal	Ballaststoffe	Vitamin A	Vitamin C
*	**	*	**

Toast mit Champignons

Vorbereitung: 10 Minuten
Zubereitung: 10 Minuten

2 Scheiben Vollkornbrot · 150 g Champignons
1 TL Öl · 2 EL Milch · 2 EL Béchamelsauce (siehe Seite 132)
1/2 Kästchen Kresse · gehackte Petersilie

Gemüse waschen. Champignons wenn nötig schälen. Öl in einer Pfanne erhitzen und die Champignons darin andünsten. Ca. 10 Minuten garen. Milch, Béchamelsauce und Petersilie zu den gegarten Champignons geben. Brot toasten. Kresse auf einem Teller anrichten, Toasts darauflegen und mit den Champignons belegen.

kcal	Ballaststoffe	Vitamin A	Vitamin C
✶✶✶	✶✶✶✶	✶✶✶	✶✶

Apfel nach Hausfrauenart

Vorbereitung: 5 Minuten
Zubereitung: 40 Minuten

1 großer Apfel (z. B. Boskop) · 1 EL Rosinen
1 TL brauner Rohrzucker (10 g) · 1/4 Glas Wasser · Zimt

Apfel waschen und Kerngehäuse ausstechen. Apfel in eine feuerfeste Form setzen. Mit Rosinen, Zucker und Zimt füllen. Mit 1/4 Glas Wasser übergießen. 40 Minuten bei 180°C im Ofen braten und mit dem Saft servieren.

kcal	Ballaststoffe	Vitamin A	Vitamin C
✶✶	✶✶✶	✶	✶

Gurke mit Crevetten

Vorbereitung: 15 Minuten
Zubereitung: –

$^1/_2$ Gurke · 150 g geschälte Crevetten (Garnelen)
2 EL Zitronensaft · 2 EL Magerquark · 1 EL Ketchup
Paprika · 30 g Luzernenkeime (siehe Seite 14)
2 Scheiben Vollkornbrot · gehackte Petersilie

Gemüse waschen. Gurke längs halbieren, aushöhlen und dabei die Kerne entfernen. Crevetten mit Quark, Ketchup, Paprika und Zitronensaft mischen. Gurkenhälfte damit füllen und mit den Luzernenkeimen auf einem Teller anrichten. Das Ganze mit Petersilie bestreuen und mit 2 Scheiben Brot servieren.

kcal	Ballaststoffe	Vitamin A	Vitamin C
✶✶✶	✶✶✶✶	✶	✶✶✶

Grießdessert mit Aprikose

Vorbereitung: 10 Minuten
Zubereitung: 5 Minuten

100 ml Magermilch · 10 g Weizengrieß
1 große Aprikose · 1 Eiweiß · Vanillezucker
einige blättrige Mandeln

Milch mit Vanillezucker aufkochen. Grieß einstreuen und unter Rühren einige Minuten quellen lassen. Topf vom Herd nehmen. Gemixte Aprikose dazugeben. Eiweiß zu Schnee schlagen und unterheben. Das Ganze in eine Form füllen und in den Kühlschrank stellen. Mit blättrigen Mandeln garniert servieren.

kcal	Ballaststoffe	Vitamin A	Vitamin C
✶	✶	✶	✶

Fleischteller

Vorbereitung: 15 Minuten
Zubereitung: 20 Minuten

1 Scheibe entfetteter gekochter Schinken
3 dünne Scheiben Kalbsbraten · 2 Scheiben Putenbrust
2 Kartoffeln (120 g) · 1 EL Magerquark
1/2 Kästchen Kresse · Pfeffer · gehackte Petersilie

Kräuter waschen. Kartoffeln schälen, 20 Minuten kochen und abgießen. Abkühlen lassen und mit Quark, Petersilie und Pfeffer mischen. Das Fleisch mit dem Kartoffelsalat auf einem Teller anrichten und mit etwas Kresse garnieren.

kcal	Ballaststoffe	Vitamin A	Vitamin C
***	**	**	**

Bananencreme

Vorbereitung: 15 Minuten
Zubereitung: 2 Minuten

1 kleine reife Banane · 30 g Magerquark
2 EL Milch · 1 Blatt Gelatine · 1 EL Zitronensaft
1 Eiweiß · Vanillezucker

6 EL Wasser wärmen und die Gelatine darin auflösen. Banane mixen. Zitronensaft, Quark, Vanillezucker und Gelatine dazugeben. Eiweiß zu Schnee schlagen und unterheben. Das Ganze 1 Stunde in den Kühlschrank stellen. Wenn Sie die Creme eiskalt servieren möchten, anschließend etwa 30 Minuten im Gefrierschrank kühlen.

kcal	Ballaststoffe	Vitamin A	Vitamin C
*	**	*	*

Fischsalat

Vorbereitung: 15 Minuten
Zubereitung: 20 Minuten

60 g Seehecht · 30 g geschälte graue Crevetten (Garnelen)
30 g eingelegte Muscheln · 50 g Knollensellerie
2 EL Magerquark · 2 EL Zitronensaft · gehackte Petersilie
$^1/_2$ Kästchen Kresse · 2 Scheiben Vollkornbrot

Seehecht 5 Minuten in siedendem Wasser garen. Abkühlen lassen, entgräten und zerkleinern. Gemüse putzen und waschen. Sellerie schälen, raffeln und mit Zitronensaft, Quark, Petersilie, Crevetten, Muscheln und dem Seehecht mischen. Das Ganze mit der Kresse auf einem Teller anrichten und mit 2 Scheiben Brot servieren.

kcal	Ballaststoffe	Vitamin A	Vitamin C
✶✶✶	✶✶✶✶✶	✶✶	✶✶✶

Reisgrieß mit Zimt

Vorbereitung: –
Zubereitung: 10 Minuten

150 ml Magermilch · 15 g Reisgrieß*
etwas flüssiger Süßstoff · Zimt

Milch aufkochen. Reisgrieß reingeben und etwa 10 Minuten quellen lassen. Topf vom Herd nehmen. Eine Prise Zimt sowie einige Spritzer Süßstoff unterrühren. Kühl servieren.

* Etwas gröber als Mehl gemahlener Reis; kann in der Getreidemühle selbst hergestellt werden – vorzugsweise aus Naturreis.

kcal	Ballaststoffe	Vitamin A	Vitamin C
✶	–	✶	–

Käseplatte

Vorbereitung: 15 Minuten
Zubereitung: –

30 g Hartkäse (Fettgehalt 20%)
30 g magerer Frischkäse mit Kräutern
30 g magerer Weichkäse · 50 g Stangenvollkornbrot
35 g Eichblattsalat · 1 Tomate
1 EL Quarksauce (siehe Seite 134)

Salat und Tomate waschen und auf einem Teller anrichten. Käsestücke auf den Salat legen, mit Quarksauce und einem Stück Brot servieren.

kcal	Ballaststoffe	Vitamin A	Vitamin C
✶✶✶	✶✶✶	✶	✶

Birnenkuchen

Vorbereitung: 45 Minuten
Zubereitung: 30 Minuten

Für 8 Personen:
250 g Weizenmehl (Type 1050) · 1 EL Butter (25 g)
$^1/_2$ Päckchen Trockenhefe · 200 ml Wasser
50 g brauner Rohrzucker · 1 große Birne
1 TL Öl zum Einfetten

Birne waschen, schälen und kleinschneiden. Mehl in eine Schüssel sieben, eine Mulde reindrücken. Fett, Wasser, Hefe und Zucker hineingeben und etwa 2 Minuten schlagen.
Birnenstücke in den Teig mischen. Eine Backform einfetten, Teig reingeben und etwa 30 Minuten zugedeckt an einem warmen Ort gehen lassen. Ofen auf 200°C vorheizen und den Kuchen etwa 30 Minuten backen. Anschließend aus der Form lösen und abkühlen lassen. Pro Person $^1/_8$ des Kuchens servieren.

Tip: In Alufolie kann der Kuchen 3 bis 4 Tage aufbewahrt werden. Er kann ebenfalls in einer Plastiktüte eingefroren werden. Im Ofen bei 50°C oder im Mikrowellenherd auftauen.

kcal	Ballaststoffe	Vitamin A	Vitamin C
*	**	*	*

Rührei mit Sauerampfer

Vorbereitung: 10 Minuten
Zubereitung: 5 Minuten

1 Ei · 1/4 Glas Magermilch
5 g Öl · 50 g Sauerampfer · 200 g Tomaten
2 EL Joghurtsauce (siehe Seite 137)
2 Scheiben Vollkornbrot

Tomaten und Sauerampfer waschen. Stiele vom Sauerampfer entfernen und die Blätter kleinschneiden. Tomaten in Scheiben schneiden und Brotscheiben toasten. Sauerampfer in etwas Öl andünsten. Ei und Milch dazugeben und verrühren. Mit dem getoasteten Brot, den Tomaten und 2 EL Joghurtsauce servieren.

kcal	Ballaststoffe	Vitamin A	Vitamin C
***	****	**	****

Apfeltörtchen

Vorbereitung: 15 Minuten
Zubereitung: 25 Minuten

Für 4 Personen:
150 g Weizenmehl (Type 1050) · 2 EL Butter
20 ml Wasser · 2 Cox-Orange-Äpfel (± 200 g)
20 g Rosinen · 15 g brauner Rohrzucker
Zimt · 4 Törtchenformen

Rosinen in warmem Wasser einweichen. Mehl und Fettflöckchen in eine Schüssel geben. In die Mitte eine Mulde drücken, Wasser reingießen und rasch verrühren. Mit den Händen 4 Kugeln formen, diese in Mehl wenden und eine halbe Stunde im Kühlschrank ruhen lassen. Den Ofen auf 200°C vorheizen. Teig ausrollen und durch 4 teilen. Arbeitsfläche mit Mehl bestäuben, Teigstückchen erneut ausrollen und die eingefetteten Törtchenformen damit auslegen. Abgetropfte Rosinen, Zimt und Apfelscheiben darauflegen. Etwa 20 bis 30 Minuten backen. Törtchen aus der Form lösen und auf einem Rost abkühlen lassen.

Tip: Der Teig hält sich im Kühlschrank mehrere Tage und im Gefrierschrank 2 Monate lang.

kcal	Ballaststoffe	Vitamin A	Vitamin C
*	***	*	*

Pitta* mit Huhn

Vorbereitung: 5–15 Minuten
Zubereitung: 5 Minuten

1 große Vollkornpitta (± 70 g)
50 g gebratene Hühnerbrust · 1 Scheibe Ananas
1 EL Maiskörner · 2 kleingeschnittene Salatblätter
20 g kleingeschnittener Weißkohl · $^1/_2$ geriebene Möhre
$^1/_4$ kleingeschnittene grüne Paprikaschote
1 EL leichte Mayonnaise (siehe Seite 135)
1 EL Ketchup · 1 EL Zitronensaft · Pfeffer · Paprika

Die Pitta oben aufschneiden und einige Minuten im Ofen wärmen. Alle Zutaten mischen und die Pitta damit füllen. Warm servieren.

* Pitta ist eine nordafrikanische Brotspezialität (Fladenbrot).

kcal	Ballaststoffe	Vitamin A	Vitamin C
✶✶✶	✶✶✶✶	✶✶	✶✶✶

Kaffeecreme

Vorbereitung: 5 Minuten
Zubereitung: 10 Minuten

150 ml Magermilch
10 g Puddingpulver mit Vanillegeschmack
wenig Süßstoff · 1/2 TL löslicher Kaffee

Puddingpulver mit dem Schnellkaffee in etwas Milch auflösen. Restliche Milch aufkochen, vom Herd nehmen und das aufgelöste Puddingpulver unter ständigem Rühren dazugeben. Das Ganze kurz aufkochen. Wieder vom Herd nehmen und den in einem EL heißem Wasser aufgelösten Süßstoff dazugeben. Alles gut mischen und vor dem Servieren abkühlen lassen.

kcal	Ballaststoffe	Vitamin A	Vitamin C
*	–	*	*

Grapefruit mit Räucherlachs

Vorbereitung: 20 Minuten
Zubereitung: 60 Minuten

$^1/_2$ Grapefruit · 80 g Räucherlachs
1 EL Magerquark · 1 Stange Sellerie · 2 EL Zitronensaft
1 TL Senf · 3 Salatblätter · 30 g Naturreis
gehackte Petersilie

Reis waschen und ca. 40 Minuten bei geringer Hitze in der doppelten Menge Wasser aufkochen und ausquellen lassen. Obst und Gemüse putzen und waschen. Sellerie kleinschneiden. Fruchtfleisch aus der halben Grapefruit lösen und Schale beiseite stellen. Lachs, Sellerie, Zitronensaft und Senf mischen. Fruchtfleisch mit dem abgekühlten Reis dazugeben und vorsichtig mischen. Grapefruitschale mit diesem Lachssalat füllen. Salatblätter auf einem Teller anrichten, gefüllte Grapefruit daraufsetzen und mit Petersilie garniert servieren.

kcal	Ballaststoffe	Vitamin A	Vitamin C
***	****	**	****

Joghurtquadrate

Vorbereitung: 15 Minuten
Zubereitung: 25 Minuten

<u>Für 4 Personen:</u>
150 g Weizenmehl (Type 1050) · 10 g Butter
1 EL Rosinen · 2 EL magerer Joghurt
etwas flüssiger Süßstoff · 1 gestrichener TL Backpulver
1 Prise Gewürzmischung (Zimt, Muskat, Ingwer)
Vanillezucker · 1 EL Magermilch

Ofen auf 200°C vorheizen. Rosinen in warmem Wasser einweichen. Mehl, Backpulver und Fettflöckchen in eine Schüssel geben. Joghurt, Süßstoff und die abgetropften Rosinen zufügen. Teig kneten und bis zu einer Dicke von 2 cm ausrollen. In 4 Quadrate von ± 5 cm Durchmesser schneiden. Die 4 Stücke auf ein mit Mehl bestäubtes Blech legen, mit Milch bepinseln und etwa 25 Minuten backen. Auf einem Rost abkühlen lassen und servieren.

kcal	Ballaststoffe	Vitamin A	Vitamin C
✶	✶	–	–

Griechischer Salat

Vorbereitung: 10 Minuten
Zubereitung: –

50 g Fetakäse (Schafskäse) · 4 schwarze Oliven
1 Tomate · 50 g Gurke · 1 kleine Zwiebel
getrockneter Majoran · 2 EL Obstessig · 1 TL Olivenöl
1 EL magerer Joghurt · Pfeffer · 1 Knoblauchzehe
5 kleingeschnittene Salatblätter · 2 Scheiben Vollkornbrot

Gemüse waschen und kleinschneiden. Für die Vinaigrette Olivenöl, Essig, Joghurt, gehackten Knoblauch, Pfeffer und Majoran mischen. Vinaigrette mit dem Gemüse (außer den Salatblättern) mischen und eine halbe Stunde im Kühlschrank durchziehen lassen. Gewürfelten Käse dazugeben. Das Ganze auf den zerkleinerten Salatblättern anrichten und mit 2 Scheiben Vollkorn- oder Graubrot servieren.

kcal	Ballaststoffe	Vitamin A	Vitamin C
***	*****	**	**

Birnen-Feigen-Kompott

Vorbereitung: 10 Minuten
Zubereitung: 15 Minuten

1 kleine Birne · 3 frische Feigen
$^1/_2$ Glas Orangensaft (100 ml)
1 Spritzer Süßstoff nach Geschmack

Obst waschen. Birne schälen und Kerngehäuse entfernen. Obst in Stücke schneiden. Orangensaft wärmen. Birnen- und Feigenstücke dazugeben und 15 Minuten zugedeckt bei schwacher Hitze kochen. Vom Herd nehmen, eventuell mit Süßstoff abschmecken. Kühl servieren.

kcal	Ballaststoffe	Vitamin A	Vitamin C
**	****	*	**

Schinkenröllchen

Vorbereitung: 15 Minuten
Zubereitung: 5 Minuten

2 Scheiben entfetteter Schinken · 150 g Spargel
35 g Kopfsalat · 1 EL Quarksauce (siehe Seite 134)
gehackte Petersilie · 2 Scheiben Vollkornbrot

Salat und Kräuter waschen. Den geschälten, 15–20 Minuten gekochten Spargel auf den Schinken legen und zusammenrollen. Salatblätter mit den Schinkenröllchen auf einem Teller anrichten. Mit Petersilie garnieren und mit 1 EL Quarksauce und 2 Scheiben Brot servieren.

kcal	Ballaststoffe	Vitamin A	Vitamin C
***	****	**	**

Pfirsichcreme

Vorbereitung: 10 Minuten
Zubereitung: –

3 EL Magerquark (90 g) · 2 Pfirsichhälften (100 g)
1 TL blättrige Mandeln
1 Spritzer flüssiger Süßstoff nach Geschmack

Quark und Pfirsich mixen, eventuell süßen und in ein Schüsselchen geben. Blättrige Mandeln im Ofen rösten. Creme damit garnieren. Kühl servieren.

kcal	Ballaststoffe	Vitamin A	Vitamin C
*	**	*	*

Spiegelei mit gefüllter Paprikaschote und Reis

Vorbereitung: 20 Minuten
Zubereitung: 80 Minuten

1 Ei · 2 TL Öl · 1 Tomate
1 kleine Zwiebel (60 g) · $^1/_2$ grüne Paprikaschote (60 g)
30 g Naturreis · gehackte Petersilie

Reis waschen und bei mittlerer Hitze 40 Minuten in der doppelten Menge Wasser aufkochen und ausquellen lassen. Gemüse waschen. Tomate und Zwiebel schälen, kleinschneiden und in 1 TL Öl andünsten. Ausgehöhlte halbe Paprikaschote damit füllen. Die gefüllte Paprikaschote mit etwas Wasser in eine feuerfeste Form geben und im Ofen etwa 20 Minuten bei 180°C backen. 1 TL Öl in eine Pfanne geben und das Ei darin braten. Spiegelei, gefüllte Paprikaschote und Reis auf einem Teller anrichten und mit Petersilie garniert servieren.

kcal	Ballaststoffe	Vitamin A	Vitamin C
✶✶✶	✶✶✶✶	✶✶	✶✶✶✶

Haferflockendessert

Vorbereitung: –
Zubereitung: 6 Minuten

150 ml Milch (1,5% Fett)
15 g Haferflocken · Vanillezucker
einige Tropfen Mandelaroma

Milch aufkochen. Die Haferflocken einrühren. 1 Minute kochen und vom Herd nehmen. Mandelaroma und Vanillezucker dazugeben und mischen. Zudecken und 5 Minuten ziehen lassen. Kühl servieren.

kcal	Ballaststoffe	Vitamin A	Vitamin C
*	*	*	–

Pitta* mit Thunfisch

Vorbereitung: 5–15 Minuten
Zubereitung: 5 Minuten

1 große Vollkornpitta (± 70 g)
50 g Thunfisch in eigenem Saft (Dose)
$^1/_2$ Tomate · 1 EL Maiskörner
2 kleingeschnittene Salatblätter · 2 gehackte Walnüsse
$^1/_4$ kleingeschnittene grüne Paprikaschote
1 EL leichte Mayonnaise (siehe Seite 135)
1 EL Zitronensaft · Pfeffer
Curry nach Geschmack

Die Pitta oben aufschneiden und einige Minuten im Ofen wärmen. Alle Zutaten mischen und die Pitta damit füllen. Warm servieren.

* Pitta ist eine nordafrikanische Brotspezialität (Fladenbrot).

kcal	Ballaststoffe	Vitamin A	Vitamin C
✶✶✶	✶✶✶✶	✶✶	✶✶✶

Grapefruit auf Schweizer Art

Vorbereitung: 15 Minuten
Zubereitung: –

1/2 rosa Grapefruit · 100 g Hüttenkäse
10 Himbeeren · 1 Spritzer flüssiger Süßstoff

Die Grapefruit waschen und halbieren. Fruchtfleisch aus einer Hälfte rauslösen und die Schale beiseite stellen. Fruchtfleisch mit dem Käse und etwas Süßstoff nach Geschmack mischen. Schale damit füllen und mit Himbeeren garnieren. Kühl servieren.

kcal	Ballaststoffe	Vitamin A	Vitamin C
*	**	*	***

Endiviensalat mit Schinken

Vorbereitung: 15 Minuten
Zubereitung: 20 Minuten

50 g Endiviensalat · 160 g Kartoffeln
2 Scheiben magerer Schinken · 1 EL Essig
3 EL Milch (1,5% Fett) · gehackte Petersilie

Gemüse waschen. Kartoffeln kochen, schälen und kleinschneiden. Endiviensalat auf einem Teller anrichten und den in Streifen geschnittenen Schinken darauflegen. Kartoffeln dazugeben. Essig wärmen, mit Milch verrühren und über den Endiviensalat gießen. Das Ganze mit Petersilie garnieren.

kcal	Ballaststoffe	Vitamin A	Vitamin C
✶✶✶	✶✶✶✶	✶	✶✶

Mandarinentörtchen

Vorbereitung: 15 Minuten
Zubereitung: 30 Minuten

Für 4 Personen:
250 g Magerquark · 1 Ei · 2 EL brauner Rohrzucker (30 g)
1 gehäufter EL Weizenmehl (Type 1050)
40 ml Mandarinensaft · 12 Mandarinenfilets
1 EL Öl · 4 Tortenförmchen

Quark, Ei, Zucker, Mehl und Mandarinensaft verrühren. Förmchen einfetten und mit den Mandarinenfilets belegen. Teig in die Förmchen gießen und im Ofen etwa 30 Minuten bei 180°C backen. Abkühlen lassen und aus der Form lösen. Lauwarm oder kalt servieren.

kcal	Ballaststoffe	Vitamin A	Vitamin C
*	**	**	*

Heringssalat mit Äpfeln

Vorbereitung: 15 Minuten
Zubereitung: –

2 in Essig marinierte Heringsfilets (± 100 g)
$1/2$ Apfel · 1 EL Zitronensaft · 3 EL magerer Joghurt
gehackte Petersilie · 20 g Zwiebeln · $1/2$ Kästchen Kresse
50 g Stangenvollkornbrot

Die Kräuter waschen. Apfel und Zwiebel schälen und kleinschneiden. Heringsfilets in Stücke schneiden und mit Apfel, Zwiebel, Zitronensaft und Joghurt mischen. Mit der Kresse auf dem Teller anrichten. Mit Petersilie garnieren und mit dem Stangenbrot servieren.

kcal	Ballaststoffe	Vitamin A	Vitamin C
****	****	**	**

Vanillecreme

Vorbereitung: 5 Minuten
Zubereitung: 10 Minuten

150 ml Milch (1,5 % Fett)
10 g Puddingpulver mit Vanillegeschmack
Vanillezucker · 1 TL Honig

Puddingpulver in etwas Milch auflösen. Restliche Milch aufkochen, vom Herd nehmen und das aufgelöste Puddingpulver hineinrühren. Unter Rühren aufkochen, 1 Minute kochen und erneut vom Herd nehmen. Vanillezucker und Honig dazugeben, gut mischen. Kalt servieren.

kcal	Ballaststoffe	Vitamin A	Vitamin C
✶	–	✶	–

Mozzarella-Salat

Vorbereitung: 15 Minuten
Zubereitung: –

1 kleine Tomate · 1/2 kleine Zucchini
50 g Mozzarella-Käse · 30 g Gurke · 1/2 grüne Paprikaschote
4 Stengel Schnittlauch · 1 gehackte Knoblauchzehe
1 EL Olivenöl · 2 EL Zitronensaft
einige Blätter frisches Basilikum · Pfeffer
2 Scheiben Vollkornbrot

Gemüse waschen. Zucchini und Tomate mit der Haut in dünne Scheiben schneiden. Gurke schälen und in dünne Scheiben schneiden. Paprikaschote in feine Streifen und Mozzarella-Käse in dünne Scheiben schneiden. Das Ganze auf einem Teller anrichten.
Für die Vinaigrette: Öl, Zitronensaft, Knoblauch und Pfeffer mischen. Das Gemüse und den Käse mit der Sauce begießen. Teller abdecken und eine halbe Stunde im Kühlschrank ruhen lassen. Mit Schnittlauchröllchen bestreuen und mit 2 Scheiben Vollkorn- oder Graubrot servieren.

kcal	Ballaststoffe	Vitamin A	Vitamin C
***	*****	**	****

Aprikosenauflauf

Vorbereitung: 20 Minuten
Zubereitung: 40 Minuten

Für 4 Personen:
200 g Aprikosen · 130 g Weizenmehl (Type 1050)
1 gestrichener TL Backpulver (5 g) · 2 Eier
125 ml Milch (1,5% Fett)
einige Spritzer flüssiger Süßstoff · 1 TL Öl

Mehl in eine Schüssel häufen. Eine Mulde reindrücken. Eier, Milch, Backpulver und Süßstoff in die Mulde geben. Zu einem glatten Teig verrühren. Die gewaschenen Aprikosen in Scheiben schneiden und dazugeben. In eine eingefettete Form gießen und im Ofen 40 Minuten bei 180°C backen. Lauwarm servieren.

kcal	Ballaststoffe	Vitamin A	Vitamin C
*	**	**	*

Hühnerragout

Vorbereitung: 15 Minuten
Zubereitung: 80 Minuten

100 g Hühnerbrust · 150 g Champignons
1 TL Distelöl · 2 EL Béchamelsauce (siehe Seite 132)
gehackte Petersilie · einige Blätter Eichblattsalat
30 g Naturreis

Reis waschen und 40 Minuten bei mittlerer Hitze in der doppelten Menge Wasser aufkochen und ausquellen lassen. Gemüse waschen. Champignons gegebenenfalls schälen und in etwas Öl andünsten. Das gewürfelte Hühnerfleisch zufügen und etwa 10 Minuten braten. Béchamelsauce und Petersilie dazugeben und gut mischen. Hühnerragout mit Reis und Salat auf einem Teller anrichten und servieren.

kcal	Ballaststoffe	Vitamin A	Vitamin C
✶✶✶✶	✶✶	✶✶	✶✶

Joghurt mit Erdbeeren

Vorbereitung: 8 Minuten
Zubereitung: –

100 ml magerer Joghurt · 100 g Erdbeeren
Vanillezucker · frische Minz- oder Zitronenkrautblätter

Erdbeeren waschen. Die Hälfte davon mit Vanillezucker im Mixer pürieren. Die restlichen Erdbeeren mit dem Joghurt und den pürierten Erdbeeren in eine Dessertschale geben und mit den Minz- oder Zitronenkrautblättern garnieren.

kcal	Ballaststoffe	Vitamin A	Vitamin C
*	**	*	***

SAUCEN

Béchamelsauce

Vorbereitung: –
Zubereitung: 5 Minuten

350 ml Magermilch · 20 g Weizenmehl (Type 1050)
15 g Sonnenblumenöl · Pfeffer · Muskat

Fett erhitzen und Mehl einrühren. Vom Herd nehmen und die Milch nach und nach dazugeben. Topf wieder auf den Herd stellen und weiterrühren, bis die Sauce andickt. Aufkochen und wieder vom Herd nehmen. Abschmecken.

kcal	Ballaststoffe	Vitamin A	Vitamin C
*	*	*	–

(Letztere Angaben gelten für 1 EL Sauce)

Leichte Cocktailsauce

Vorbereitung: 5 Minuten
Zubereitung: –

3 EL Magerquark · 1 EL Ketchup · Paprika
Pfeffer · gehackte Petersilie

Quark und Ketchup in einer Schüssel verrühren. Paprika dazugeben, würzen und mit gehackter Petersilie garnieren.

kcal	Ballaststoffe	Vitamin A	Vitamin C
*	–	–	–

(Letztere Angaben gelten für 1 EL Sauce)

Quarksauce

Vorbereitung: 5 Minuten
Zubereitung: –

3 EL Magerquark · 1 TL Senf · 1 EL Essig
Zitronensaft · Pfeffer
Petersilie, Schnittlauch, Zwiebel, Knoblauch, Estragon,
Basilikum, Kerbel, Radieschen... nach Geschmack

Quark, Senf, Essig und Zitronensaft in einer Schüssel verrühren und würzen. Kräuter, Gemüse und Gewürze nach Geschmack dazugeben.

kcal	Ballaststoffe	Vitamin A	Vitamin C
✶	–	–	✶

(Letztere Angaben gelten für 1 EL Sauce)

Leichte Mayonnaise

Vorbereitung: 10 Minuten
Zubereitung: –

1 Eigelb · 1 EL Senf · 100 ml Sonnenblumenöl
Zitronensaft · 100 g Magerquark
gehackte Petersilie · Pfeffer

Eigelb und Senf glattrühren und unter ständigem Rühren mit einem Schneebesen oder dem Handrührgerät Öl tropfenweise dazugeben. Sobald das ganze Öl verbraucht ist, Zitronensaft und Quark unterrühren. Abschmecken und Petersilie zufügen.

Tip: Im Kühlschrank kann sich Mayonnaise einige Tage lang halten. Der Quark sollte jedoch erst kurz vor Gebrauch untergerührt werden.

kcal	Ballaststoffe	Vitamin A	Vitamin C
✶	✶	✶	✶

(Letztere Angaben gelten für 1 EL Sauce)

Leichte Tatarensauce

Vorbereitung: 10 Minuten
Zubereitung: –

3 EL Magerquark · 1 Eigelb · 2 EL Kapern
4 gehackte Essiggurken · 35 g Schnittlauch · Zitronensaft
1 TL Senf · $^1/_2$ Zwiebel · gehackte Petersilie · Pfeffer

Schnittlauch waschen. Essiggurken, Zwiebel, Kapern und Schnittlauch hacken. Alle Zutaten mischen und mit Pfeffer abschmecken.

kcal	Ballaststoffe	Vitamin A	Vitamin C
✶	✶	✶✶	✶

(Letztere Angaben gelten für 1 EL Sauce)

Joghurtsauce

Vorbereitung: 5 Minuten
Zubereitung: –

3 EL magerer Joghurt · 1 TL Senf · Zitronensaft · Pfeffer
Petersilie, Schnittlauch, Zwiebel, Knoblauch, Schalotte, Estragon, Basilikum, Kerbel, Radieschen ... nach Geschmack

Joghurt, Senf und Zitronensaft in einer Schüssel verrühren. Würzen. Würzgemüse, Kräuter und Gewürze nach Geschmack dazugeben.

kcal	Ballaststoffe	Vitamin A	Vitamin C
*	–	–	*

(Letztere Angaben gelten für 1 EL Sauce)

TOLLE REZEPTE FÜR KLEINE UND GROSSE LECKERMÄULER

Gerichte für Kinder,
von bekannten Köchen erdacht

Herbstgemüse im Piroggenmantel mit Ratatouillesauce

von Küchenchef Peter Auer,
Hotel »Adler«, Asperg

Für 6 Personen:
200 g Karotten, geschält und in Scheiben geschnitten
200 g Staudensellerie
200 g Kohlrabi (schälen, sechsteln, die Keile in Scheiben schneiden)
1 Blumenkohl (in gleichmäßige Röschen zerlegen)
1 Stück Brokkoli
200 g Waldpilze (Maronen, Pfifferlinge oder Steinpilze)
1 TL gehackte Petersilie · 1 TL Schnittlauchröllchen
1 TL gehackter Kerbel · 1 EL Butter
1 große Schalotte, feingehackt · Salz und Pfeffer

Für die Ratatouillesauce:
1 rote Paprika · 1 gelbe Paprika
1 gehackte Knoblauchzehe · 1 gehackte Schalotte
1 Tomate · 1 kleine Zucchini
0,2 l Geflügelbrühe (entweder mit Geflügelklein ansetzen oder Brühwürfel nehmen)
0,1 l Sauerrahm oder Joghurt
1 TL Olivenöl · Salz, Pfeffer

Für den Piroggenteig:
300 g Mehl · $^1/_2$ TL Backpulver · $^1/_2$ TL Salz
80 g weiche Butter · 1 Ei
$^1/_8$ l saure Sahne oder Milch (3,5% oder 1,5% Fett)

Für den Teig das Mehl mit dem Backpulver in eine Schüssel sieben, in die Mitte eine Vertiefung drücken, Salz und die weiche Butter hineingeben und mit etwas Mehl vermengen. Dann das Ei und die Sahne hinzufügen und alles mit einem Kochlöffel zu

einem glatten Teig schlagen. Zu einer Kugel formen, in Pergamentpapier wickeln und mindestens 45 Minuten kalt stellen.
Alle Gemüse nacheinander in kochendem Wasser kurz blanchieren (in viel Wasser, so daß das Gemüse noch einen leichten Biß hat). Danach in kaltem Wasser kurz abschrecken – dadurch bleibt die Farbe erhalten. Die Schalotten in der Butter glasig anschwitzen und die gesamten Gemüse und Kräuter beigeben. Die Waldpilze vierteln, in etwas Butter anbraten, den Gemüsen beigeben und mit Salz und Pfeffer abschmecken. Den Piroggenteig in drei gleich große Stücke teilen, ca. 3 mm dick zu einem Rechteck (ca. 10 x 20 cm) ausrollen. In der Mitte des Teiges der Länge nach das Gemüse verteilen. Mit einem Pinsel die Enden des Teiges mit Eigelb einstreichen, den Teig einschlagen, an den Enden leicht überlappen und festdrücken. Jetzt den Teig umdrehen, auf ein Backblech setzen und ganz mit Eigelb einstreichen. Das Ganze mit den anderen beiden Teilen wiederholen. Im Backofen bei 180°C ca. 12–15 Minuten backen.
Für die Sauce Paprika vierteln, Kerngehäuse entfernen und waschen. Paprikaschoten, Tomate und Zucchini kleinschneiden. Knoblauch und Schalotten in etwas Olivenöl anschwitzen. Die zerkleinerten Gemüse beigeben und abgedeckt dünsten. Mit der Brühe ablöschen und weich kochen. Mit Mixstab oder im Mixer fein pürieren und durch ein Haarsieb streichen. Nochmals aufkochen, Sahne oder Joghurt beigeben und mit Salz und Pfeffer abschmecken.
Die Sauce mit dem Mixstab oder dem Schneebesen luftig aufschlagen. Auf den Teller einen Saucenspiegel gießen. Den Piroggen-Gemüsestrang in gleiche Stücke teilen und immer drei auf den Saucenspiegel setzen. Mit frischen Kräutern garnieren. Dazu passen sehr gut gekochte Kartoffeln oder feine Nudeln.

Panierte Quarkschnitzelchen mit Blattspinat

von Küchenchef Friedrich Taege, Restaurant »Alte Sonne«, Ludwigsburg

Für 4 Personen:
125 g Magerquark · 6 Eiweiß
30 g Stärkemehl · Salz, Pfeffer
2 Eier · 200 g Semmelbrösel · Sonnenblumenöl
400 g Blattspinat oder Tiefkühlspinat
1/2 Zwiebel, fein geschnitten · 1 EL Butter
1 EL Mehl · 200 g Hühnerbrühe
100 g flüssige Sahne oder Milch (3,5% Fett)
Salz, Pfeffer, Muskat

Eiweiß zu Schnee schlagen, Quark, Stärkemehl und die Gewürze glattrühren, den Eischnee unterheben, in einer gebutterten Kastenform bei 100°C ca. 50–60 Minuten backen. Nach dem Erkalten in 1 cm dicke Scheiben schneiden und panieren, danach in Öl goldgelb ausbacken.
Spinat putzen, waschen und in kochendem Wasser blanchieren, in Eiswasser abschrecken oder Tiefkühlspinat gemäß Packungsaufschrift garen. Zwiebel in leicht gebräunter Butter anschwitzen, den Spinat zugeben, mit den Gewürzen abschmecken. Aus Butter, Zwiebel und Mehl eine helle Mehlschwitze herstellen, mit Hühnerbrühe und Sahne oder Milch auffüllen, ca. 10 Minuten kochen, abschmecken.

Gebackene Maisgrießschnitten mit Karottengemüse

von Küchenchef Friedrich Taege, Restaurant »Alte Sonne«, Ludwigsburg

Für 4 Personen:
250 g Maisgrieß (Polenta) · 1 l Milch (1,5 % Fett)
4 Eier · Salz und Muskat
40 g Butter · 600 g Karotten · 1 EL Sonnenblumenöl
1 EL Mehl · 1/2 Zwiebel, fein geschnitten
200 g Gemüsebrühe
100 g flüssige Sahne oder Milch (3,5 % Fett)
Salz, Pfeffer

Die Milch zum Kochen bringen, den Grieß einschütten und aufkochen; die Eier zugeben und unter ständigem Rühren stocken lassen. Nun ca. 1 cm hoch auf ein leicht geöltes Blech streichen und erkalten lassen. Danach in 3 x 3 cm große Rauten schneiden und in Butter goldgelb ausbacken.
Karotten schälen und in wenig Salzwasser weich dünsten, anschließend in Eiswasser abschrecken. Nun die Zwiebel in Öl hell anschwitzen, mit Mehl bestäuben, mit dem Gemüsefond und Sahne oder Milch auffüllen und ca. 10 Minuten kochen. Die Karotten in gleichmäßige Würfel schneiden und der Gemüsegrundsauce zugeben, mit Salz und Pfeffer abschmecken.

Gefüllte Paprika mit Reis und Tomatensauce

von Küchenchef Friedrich Taege, Restaurant »Alte Sonne«, Ludwigsburg

Für 4 Personen:
4 mittelgroße rote Paprikaschoten · 300 g Rinderhack
100 g Petersilie · 1/2 Zwiebel, fein geschnitten
1 altbackenes Brötchen, eingeweicht und ausgedrückt
2 Eier · Salz, Pfeffer, Muskat
200 g Rundkornreis · 1 EL Sonnenblumenöl
400 g Hühnerbrühe
Für die Tomatensauce:
200 g Röstgemüse (Wurzelgemüse)
80 g magerer roher Schinken
1 EL Sonnenblumenöl · 3 EL Tomatenmark
3/4 l Hühnerbrühe · 1 kleine Dose Schältomaten
Salz, Pfeffer, Thymian

Von den Paprika den Strunk entfernen und die Schoten auswaschen. Aus dem Hackfleisch und den anderen Zutaten eine Hackmasse herstellen.
Den Reis im heißen Öl leicht anschwitzen und mit der kochenden Brühe auffüllen. Bei 185°C im Backofen ca. 18 Minuten garen.
Wurzelgemüse und Schinken in Öl andünsten, Tomatenmark zugeben, kurz schmoren, mit der Hühnerbrühe und den Schältomaten auffüllen. Ca. 30 Minuten kochen und mit einem Mixstab pürieren.
Nun die Hackmasse mit dem Reis gut mischen, abschmecken und die Paprikaschoten damit füllen. In einem Topf die Paprika von allen Seiten vorsichtig anbraten, auf die Öffnung setzen, mit der Tomatensauce übergießen und 30 Minuten im Backofen bei 175°C garen.

Truthahngeschnetzeltes in Kräuterrahm mit Reis

von Küchenchef Friedrich Taege,
Restaurant »Alte Sonne«, Ludwigsburg

Für 4 Personen:
680 g Truthahnfleisch
1 mittelgroße Zwiebel, fein geschnitten · 0,5 l Milch
0,1 l Schmand (20% Fett) · 2 EL Sonnenblumenöl
frische Kräuter, z. B. Kerbel, Estragon, Schnittlauch, Basilikum
Salz, Pfeffer
300 g Langkornreis · 450 g Hühnerbrühe

Das Truthahnfleisch in 2 x 2 cm große Blättchen schneiden und in einer beschichteten Pfanne in wenig Öl schnell von allen Seiten anbraten. Aus der Pfanne nehmen. Die Zwiebel in dem Bratensatz anschwitzen, mit der Milch auffüllen und auf $^{2}/_{3}$ einkochen lassen. Nun das Fleisch wieder in die Sauce geben, den Schmand unterziehen und mit der feingehackten Kräutermischung abschmecken.
Den Reis in wenig Öl leicht anschwitzen, mit der kochenden Hühnerbrühe auffüllen und bei 175°C im Backofen 18 Minuten garen.

Orangenreis-Küchlein mit Pflaumenkompott

von Küchenchef Friedrich Taege,
Restaurant »Alte Sonne«, Ludwigsburg

Für 4 Personen:
250 g Rundkornreis · 1 l Milch (1,5% Fett)
4 Eier · 50 g Zucker
2 unbehandelte Orangen (Saft und Schale)
600 g Zwetschgen, entsteint · 50 g Zucker
0,3 l Wasser · 1/2 Vanilleschote · 1 Stange Zimt
30 g Stärkemehl

Die Milch aufkochen, den Reis zugeben und ca. 18 Minuten unter ständigem Rühren weich kochen, danach den Abrieb und den Saft der Orangen, den Zucker und die Eier zugeben und nochmals unter ständigem Rühren aufkochen.
Die Masse ca. 1 cm hoch auf ein leicht geöltes Blech streichen und auskühlen lassen. Mit einem Ausstecher (Ø 6 cm) ausstechen und im Backofen bei 80°C 6 Minuten erwärmen.
Das Wasser mit Zucker, halbierter Vanille- sowie der Zimtstange aufkochen.
Die Zwetschgen geviertelt und entsteint hinzugeben, einmal aufkochen und wieder herausnehmen. Den Sud nun mit dem Stärkemehl binden und die Zwetschgen in den angedickten Fond zurückgeben. Zu den lauwarmen Küchlein servieren.
Dazu empfehle ich Vanille-Eiscreme.

Schwäbischer Ofenschlupfer

von Großküchenchef Lothar Muchenberger, Firma Wüstenrot, Ludwigsburg

Für 4 Personen:
5 Brötchen, am besten Vollkornbrötchen
3 große Äpfel · 40 g Honig · 100 g Rosinen
50 g gestiftelte Erdnüsse · 100 g Haferkleie · 5 Eier
$^1/_2$ l Milch (1,5% Fett) · 50 g Rohrzucker
Zimt, Zitrone, Vanillestange nach Geschmack
40 g Bourbon-Vanille-Pudding-Pulver
$^3/_4$ l Milch · 60 g Rohrzucker oder Honig
1 Becher frischer Joghurt

Äpfel schälen, in Scheiben schneiden und mit dem Honig marinieren. Milch, Eier und Rohrzucker aufschlagen. Brötchen in Scheiben schneiden. Eine Kastenform buttern und jeweils Brötchen, Äpfel, Rosinen, Zimt, Haferkleie und Erdnüsse einschichten. Die Milch-Eier-Rohrzucker-Flüssigkeit (nach Geschmack mit Vanille- oder einem anderen Aroma versehen) darübergießen und bei 140°C ca. 30 Minuten backen.
Pudding nach Packungsvorschrift kochen. Zum Verfeinern 1 Becher frischen Joghurt und den Abrieb einer ungespritzten Zitrone hinzugeben und zu dem Schwäbischen Ofenschlupfer servieren.

Menü mit 3 Gängen

Für 4 Personen:

von Küchenchefin Anita Jollit,
Restaurant »Zum Ochsen«, Karlsruhe

Menü

Rotbarbenfilet auf Gemüse-Mosaik
mit Pistou und Parmesan

***

Lammrücken auf Puyer Linsenragout
Gemüsegratin und Lavendelkartoffeln

***

Topfenknödel mit Preiselbeeren
auf Vanillesauce

Rotbarbenfilet auf Gemüse-Mosaik mit Pistou und Parmesan

Für 4 Personen:
4 kleine Rotbarben · Salz · Olivenöl · Karotten
Lauch · Kohlrabi · Champignons · Zucchini etc.
1 Bund Basilikum · 4 Knoblauchzehen
50 g Pinienkerne · 4 EL kaltgepreßtes Olivenöl
100 g Parmesan · Salz, Pfeffer

Rotbarben vom Fischhändler filetieren lassen. Für das Gemüse-Mosaik nach Belieben und Geschmack die Gemüse vorbereiten, kochen und bereitstellen.
Für den Pistou: Mit Basilikum, Knoblauch, Pinienkernen und Olivenöl im Mörser eine Paste herstellen.
Vom Parmesan mit dem Gemüseschäler hauchdünne Scheiben abschaben.
Die Rotbarbenfilets leicht salzen und mit Olivenöl bepinseln.
Gemüse mit Salz, Kräutern, ganz wenig Olivenöl und Pfeffer verfeinern und separat auf einem Teller anrichten. Rotbarbenfilets in einer beschichteten Pfanne mit wenig Olivenöl auf der Hautseite anbraten, dekorativ auf das Gemüse-Mosaik legen, mit Pistou und Parmesan im Grill mit Oberhitze gratinieren.

Lammrücken auf Puyer Linsenragout mit Gemüsegratin und Lavendelkartoffeln

Für 4 Personen:
600 g Lammrücken, sauber pariert
250 g Puy-Linsen (schnellgarende französische Linsensorte)
1 l Gemüse- oder Fleischbrühe · 1 Karotte
1 Stange Lauch · 1/2 Sellerieknolle · 200 g Champignons
100 g magerer Schinken · 4 Schalotten
1 EL Sonnenblumenöl · 2 Tomaten · 100 g Spinat
1 Kopf Brokkoli · 1/4 l saure Sahne oder Joghurt · 3 Eigelb
Salz, Pfeffer · 500 g kleine Kartoffeln (neue Ernte)
50 g frischer Lavendel · 1 EL Butter

Linsen waschen und über Nacht in Gemüse- oder Fleischbrühe einweichen. Am Tag darauf Schalotten, Sellerie, das Weiße vom Lauch, Speck und Champignons fein würfeln und in Öl farblos andünsten, die Linsen hinzufügen und bei milder Hitze ca. 15–20 Minuten köcheln lassen. Danach mit Salz und Pfeffer abschmecken.

Für das Gemüsegratin die geschälten Tomatenscheiben, Spinat und Brokkoli in eine Gratinform schichten, mit einer Mischung aus Sauerrahm oder Joghurt und den Eigelben, Salz und Pfeffer im Backofen bei milder Hitze backen. Kartoffeln kochen, schälen und in Butter und Lavendel leicht goldgelb braten.

Fleisch würzen und rosa braten.

Topfenknödel mit Preiselbeeren auf Vanillesauce

Für die Topfenknödel:
750 g Magerquark · 30–40 g Mehl · 1 Prise Salz
50 g Vanillezucker · 2 unbehandelte Zitronen
1 Ei · 2 Eigelb · 100 g Sauerrahm oder Joghurt
Zwieback oder alte Brötchen · 1 EL Butter

Quark in einem Tuch gut ausdrücken und durch ein Sieb streichen. Salz, Vanillezucker, die abgeriebene Schale von 2 Zitronen und das Mehl unter den Quark rühren, die Eier und saure Sahne oder Joghurt dazurühren. Im Kühlschrank ca. 1 Stunde ruhen lassen. Inzwischen aus dem Zwieback oder den trockenen Brötchen Brösel herstellen und in einer Pfanne mit Butter goldgelb rösten, mit etwas Zucker abschmecken.
Salzwasser in einem breiten Topf zum Kochen bringen, mit einem Eisportionierer kleine Knödel ausstechen. Diese in das heiße Wasser geben und ca. 10–15 Minuten gar ziehen lassen. Danach warm in der Brösel-Butter-Mischung wenden und warm halten.

Für die Vanillesauce:
4 Eigelb · 50 g Zucker · 2 Vanillestangen
1/2 l Milch (1,5% Fett)

Milch, die aufgeschlitzten Vanillestangen und Zucker aufkochen, Vanillestangen entfernen. Die Milch heiß auf die geschlagenen Eigelbe gießen und auf milder Hitze »zur Rose« kochen, das heißt so lange, bis die Masse den Kochlöffel rosenblätterartig überzieht.

Für die Preiselbeeren:

200 g frische Preiselbeeren · 1 Orange (Saft)
1 Stange Zimt · 4 Nelken
$^1/_8$ l Traubensaft (Rotwein für Erwachsene)
50 g Zucker

Orangensaft, Traubensaft oder Wein, Gewürze und Zucker einige Minuten kochen, Zimtstange und Nelken entfernen. Die geputzten und gewaschenen Preiselbeeren zugeben und unter Rühren kurz aufkochen. Beiseite stellen und abkühlen lassen.

5tägiger Speiseplan für Kinder

Mit Rezepten für jeweils 4 Personen:

von Frau Sabine B. Koch, Diätassistentin, und Herrn Rainer Dörsam, Küchenleiter, Filderklinik, Filderstadt-Bonlanden

1. Tag

1. Frühstück

Früchtetee mit Honig
1 kleines Glas frischer Karottensaft,
nach Wunsch mit einem Spitzer Zitrone
Apfel-Birnen-Müsli (siehe Rezept)

2. Frühstück

1 Scheibe Sesamknäcke mit Erdnußcreme
(ohne Konservierungsstoffe)
1 kleiner Apfel

Mittagessen

Getreidehackbraten (siehe Rezept)
Karotten-Sellerie-Gemüse (siehe Rezept)
Thymiansauce (siehe Rezept)

Nachmittag

2 Vollkornkekse, Himbeermilchmix mit Honig
(siehe Rezept)

Abendessen

Tee mit Zitrone und Honig
1–2 Scheiben Vollkornbrot (ohne Konservierungsstoffe)
10 g Butter
1–2 Scheiben Schnittkäse (45% Fett i. Tr.)
eingelegte Maiskölbchen (ohne Konservierungsstoffe)
1 Kiwi

Apfel-Birnen-Müsli

3–4 säuerliche Äpfel (ungespritzt)
3 große Birnen (ungespritzt) · 2 EL Zitronensaft
8 EL grobe Haferflocken · 600 ml Kefir
3–4 TL reiner Honig

Äpfel und Birnen waschen, mit der Schale grob raspeln, klein schneiden und mit Zitronensaft beträufeln. Haferflocken untermischen, Kefir darübergießen und alles gut verrühren; mit Honig abschmecken.
Garniervorschlag: getrocknete Äpfel oder Rosinen.

Getreidehackbraten

160 g Getreideschrot (Grünkern, Weizen, Hafer)
1–2 TL Pflanzenöl · 60 g Zwiebeln
80 g Karotten (ungespritzt) · 60 g Lauch (ungespritzt)
1 TL Pflanzenöl · 750 ml Gemüsebrühe
20 g geriebene Haselnüsse · 2 Eier
50 g geriebener Käse (45 % Fett i. Tr.)
40–50 g Vollkornsemmelbrösel
2 EL frisch gehackte Kräuter · 1 Lorbeerblatt
Thymian · Majoran · Pfeffer, Salz

Den Schrot im Backofen mit etwas Pflanzenöl anrösten. Gehackte Zwiebeln, geraspelte Karotten und Lauchringe ebenfalls mit andünsten, mit Brühe auffüllen, Getreideschrot zugeben, ausquellen und abkühlen lassen. Nüsse, Eier, $^2/_3$ Käse und Brösel untermengen, mit Kräutern und Gewürzen abschmecken. Kleine Hackbraten formen und bei 160°C ca. 35–40 Minuten im Backofen garen.

Thymiansauce

1 kleine Zwiebel · 40 g Butter
50 g Vollkornmehl · 1/4 l Gemüsebrühe
1/2 l Milch (1,5% Fett)
1 frischer Zweig Thymian (oder auch andere Kräuter)
Salz · Muskat · evtl. etwas weißer Pfeffer

Gewürfelte Zwiebel in erhitzter Butter glasig dünsten, das Mehl darin anschwitzen, Brühe und Milch zugießen. 1/2 Stunde köcheln lassen, dann den feingehackten Thymian unterrühren. Mit Salz, Muskat und etwas Pfeffer abschmecken.

Gemüsebrühe

(Grundrezept)

1 kg Gemüse, je nach Jahreszeit
(Karotten, Sellerie, Lauch...)
Wasser

Das Gemüse waschen, putzen und in kleine Stücke schneiden, mit kaltem Wasser bedecken und zum Kochen bringen. Ca. 40 Minuten kochen lassen, absieben und auf Vorrat portionsweise einfrieren.

Karotten-Sellerie-Gemüse

250 g Karotten · 1 kleiner Sellerie
$1/2$ Tasse Wasser · 1 Würfel Gemüsebrühe
Zum Verfeinern:
1 EL gehackte Mandeln · $1/2$ Bund gehackte Petersilie
Zitronenthymian oder Thymian
Saft von $1/2$ Zitrone und/oder Joghurt

Karotten waschen, putzen und in Würfel schneiden. Sellerie schälen und würfeln. Den Würfel Gemüsebrühe in einer halben Tasse Wasser auflösen und Karotten- und Selleriewürfel darin ca. 10 Minuten bei geschlossenem Deckel dünsten. Gehackte Mandeln, Kräuter und Zitronensaft bzw. Joghurt unterrühren.

Himbeermilchmix

2 Becher Bioghurt (3,5% Fett)
1 EL Zitronensaft · 300 ml Vollmilch (3,5% Fett)
350 g gefrorene oder frische Himbeeren
3–4 TL Honig

Joghurt mit Zitronensaft und Milch im Mixer vermischen. Die Beeren zugeben und ebenfalls – aber nur kurz – mixen, mit Honig abschmecken.
Garniervorschlag: Zitronenmelisseblätter.

2. Tag

1. Frühstück
Milch (3,5% Fett)
1 Scheibe Vollkornbrot (ohne Konservierungsstoffe)
10 g Butter, Honig oder Marmelade
(mit Birnendicksaft)

2. Frühstück
1 kleine Banane, 1 Vollkornzwieback

Mittagessen
Gemüserisotto (siehe Rezept)
Rote-Bete-Salat (siehe Rezept)

Nachmittag
1 Fruchtjoghurt mit Honig
(ohne Konservierungsstoffe)

Abendessen
Pfefferminztee mit Honig
Radieschenquark (siehe Rezept)
1 Vollkornbrötchen, 10 g Butter
Trockenobst, z.B. Äpfel, Aprikosen...

Gemüserisotto

150 g Vollkornreis · 2 TL Pflanzenöl
2 kleine Zwiebeln
600–700 g frisches Gemüse der Saison,
z. B. Karotten, Fenchel, Brokkoli
700–800 ml Gemüsebrühe
2 EL frische Kräuter · Meersalz, Pfeffer

Öl in einer Kasserolle erhitzen, Reis und kleingeschnittene Zwiebeln darin goldgelb anrösten. Geputztes und kleingeschnittenes Gemüse andämpfen und mit Gemüsebrühe auffüllen. Topf gut verschließen, bei geringer Hitze ca. 30 Minuten ausquellen lassen.
Gericht mit Kräutern und Gewürzen abschmecken.

Rote-Bete-Salat

2 große Rote Bete
150 g milchsauer eingelegte Rote Bete (aus dem Reformhaus)
1/2 Bund gehackte Petersilie
1 TL gestoßener Koriander · 5 EL Sonnenblumenöl

Frische Rote Bete waschen, schälen und raspeln (Achtung: stark färbend). Die restlichen Zutaten hinzufügen, alles gut vermengen und durchziehen lassen.

Radieschenquark

300 g Magerquark · 8 EL Buttermilch
3 Bund frische ungespritzte Radieschen · frischer Schnittlauch
Meersalz, Pfeffer · 2 frische hartgekochte Eier

Quark mit Buttermilch glattrühren, Radieschen in Scheibchen schneiden und unterziehen. Mit frischen Kräutern, Salz und Pfeffer abschmecken. Jeweils mit einem halben Ei und frischem Schnittlauch garnieren.

3. Tag

1. Frühstück

Hagebuttentee mit Honig, nach Wunsch Zitronensaft
Vollkornflakes (ohne Konservierungsstoffe
und ohne Zucker)
mit Frischmilch (3,5% Fett), Honig und evtl. Nüssen
(Garniervorschlag: 4–5 Himbeeren oder Erdbeeren
oder ähnliches)

2. Frühstück

1 Vollkornbrezel mit 10 g Butter, 3 Trockenpflaumen

Mittagessen

Haferflockenpfannkuchen (siehe Rezept)
frisches Apfelkompott (siehe Rezept)

Nachmittag

Preiselbeerquark (siehe Rezept)

Abendessen

Fencheltee, Honig
Grünkernfrikadellen (siehe Rezept)
1–2 Scheiben Vollkornbrot, 10 g Butter
1 kleiner Apfel

Haferflockenpfannkuchen

2 große frische Eier · 2 TL reiner Honig
100 g Vollkornhaferflocken · 50 g geschroteter Leinsamen
100 g Vollkornmehl · $^1/_4$ l Vollmilch
$^1/_4$ l Wasser · reines Sonnenblumenöl

Eier mit Honig schaumig rühren, Haferflocken und Leinsamen untermischen, mit dem Mehl vermengen. Milch und Wasser unterschlagen, so daß ein dickflüssiger Teig entsteht.
Öl in einer Pfanne erhitzen, Teig dünn eingießen und von beiden Seiten knusprige Pfannkuchen backen.

Apfelkompott

4 große Äpfel · 1 Zimtstange
Schale von 1 unbehandelten Zitrone · 1 TL Honig
1 Nelke · $^1/_2$ TL Zimt

Äpfel schälen, vierteln, Kernhaus entfernen und in dicke Scheiben schneiden. Mit einer Zimtstange, der Schale einer unbehandelten Zitrone und einer Nelke in wenig Wasser ca. 5 Minuten dünsten. Gewürze herausnehmen und mit einem halben Teelöffel Zimt und einem Teelöffel Honig abschmecken.

Preiselbeerquark

400 g Magerquark
2–3 EL reiner Honig · 3 EL Mandelmus
5 EL reine Buttermilch
200 g Preiselbeeren (frisch oder gefroren)

Quark, Honig, Mandelmus und Buttermilch aufschlagen. Die Beeren mit der Gabel fein zerdrücken und zum Quarkgemisch geben. Nochmals abschmecken, eventuell nachsüßen.
Garniervorschlag: einige Tupfer Sahne, frische Beeren.

Grünkernfrikadellen

250 g Grünkern, geschrotet · 1–2 TL Pflanzenöl
2 kleinere Zwiebeln · 2 Lorbeerblätter
600 ml Gemüsebrühe (siehe Seite 157)
1–2 TL gekörnte Brühe, vegetarisch
1–2 frische Eier · Meersalz, Selleriesalz, Majoran
Vollkornbrösel · Pflanzenöl zum Anbraten

Zwiebeln würfeln und in Öl andünsten, Getreide hinzugeben und kurz dämpfen, Gemüsebrühe und gekörnte Brühe auffüllen und unter Rühren zum Kochen bringen. Ca. 12 Minuten auf kleinster Flamme köcheln und danach abkühlen lassen. Eier unterrühren, mit Gewürzen abschmecken, in kleine Frikadellen formen und in Vollkornbröseln wenden.
In nicht zu heißem Öl von beiden Seiten goldgelb braten.

4. Tag

1. Frühstück

Tee mit Honig
1 kleines Glas frischer Karottensaft mit Zitrone
1 Scheibe Vollkornbrot mit Frischkäseaufstrich
z. B. Frischkäse, geriebener Apfel, Nüsse

2. Frühstück

Müsliriegel (ohne Konservierungsstoffe und ohne Zucker)
1 kleine Birne

Mittagessen

Linseneintopf (siehe Rezept)
mit Vollkornspätzle (Spätzle mit Vollkornmehl)

Nachmittag

Obstsalat (Apfel, Birne, Banane, Honig, Zitronensaft)

Abendessen

Pfefferminztee, Honig
Gemüsetoast (siehe Rezept)
frischer Endiviensalat mit Joghurtsauce, frischen Kräutern und etwas Salz

Gemüsetoast

6–8 Scheiben Vollkorntoast (ohne Konservierungsstoffe)
80 g Frischkäse · 8 große Salatblätter (ungespritzt)
6 mittelgroße frische Karotten (ungespritzt)
6–8 Scheiben Gouda (45% Fett i. Tr.)
frischer Schnittlauch

Brot im Toaster leicht rösten, mit Frischkäse bestreichen.
Mit Salatblättern und dünnen Karottenscheiben belegen. Darüber kommt je eine Scheibe Käse, garniert mit Schnittlauch. Sofort servieren!

Linseneintopf

250 g Linsen · 2 TL Pflanzenöl
650 g Suppengemüse (ungespritzt,
z. B. Karotten, Porree, Sellerie ...)
3–3,5 l Wasser
Suppenwürze, vegetarisch (ohne Konservierungsstoffe)
Salz, Pfeffer · Essig

Das Öl im Topf erhitzen, gewaschenes und kleingeschnittenes Gemüse andämpfen, die Linsen zufügen und mit Wasser auffüllen. Mit Suppenwürze abschmecken. Etwa eine Stunde garen. Zwischendurch umrühren und zum Schluß mit Salz, Pfeffer und Essig abschmecken.

5. Tag

1. Frühstück
Milch, Honig
1 kleines Glas frischer Orangensaft
1 weichgekochtes frisches Ei
1 Scheibe Vollkorntoast (ohne Konservierungsstoffe)
10 g Butter

2. Frühstück
1–2 Scheiben Vollkornhonigkuchen (Reformhaus)
1 Mandarine (Obst je nach Jahreszeit)

Mittagessen
Vollkornspaghetti mit Gemüsesauce (siehe Rezept)
geriebener Käse (45% Fett i. Tr.)
Kressesalat (mild würzen mit Obstessig und kaltgepreßtem Sonnenblumenöl)

Nachmittag
Hagebuttenschnitte (siehe Rezept)

Abendessen
Melissentee, Zitrone und Honig
1 Vollkornbrezel, 10 g Butter
Kräuteraufstrich (siehe Rezept)
Trockenobst (ohne Konservierungsstoffe)

Gemüsesauce mit Tomaten

(Tomaten und andere Nachtschattengewächse
selten verwenden)

500 g frische Tomaten · 2 Karotten · 1 Stange Lauch
1 kleine Fenchelwurzel · $^1/_2$ Sellerieknolle · 1 Zwiebel
1 Knoblauchzehe · 1 EL reines Pflanzenöl · 1 Lorbeerblatt
3 Nelken · 1 Zweig frischer Thymian
1 Zweig frischer Estragon · 1 EL reines Tomatenmark
$^1/_2$ l Gemüsebrühe (siehe Seite 159) · Salz
1 TL reiner Honig · evtl. etwas Pfeffer

Die Tomaten überbrühen, enthäuten, Kerne entfernen und würfeln. Gemüse waschen und klein schneiden.
Das Öl erhitzen, die fein gehackte Zwiebel und den zerdrückten Knoblauch im Öl andünsten, Tomaten, Gemüse, Kräuterzweige und Tomatenmark zugeben. Unter ständigem Rühren $^1/_4$ Stunde einkochen.
Gemüsebrühe nach und nach aufgießen, Lorbeerblatt und Nelken zugeben, zu einer sämigen Sauce einkochen lassen, mit Salz und Honig (eventuell etwas Pfeffer) abschmecken. Nelken und Lorbeerblatt entfernen.

Hagebuttenschnitten

8 Scheiben Vollkornzwieback
(ohne Zucker und Konservierungsstoffe)
$^{1}/_{4}$ l reiner Apfelsaft (trüb)
2–3 EL Hagebuttenmarmelade · 100 g Schlagsahne

Apfelsaft auf einen Teller gießen, Zwiebäcke mit Hagebuttenmarmelade bestreichen und in den Teller legen, so daß sie den Saft aufsaugen. Mit geschlagener Sahne verziert anrichten.

Kräuteraufstrich

4 EL frisch gehackte Kräuter
(Petersilie, Schnittlauch, Zitronenmelisse)
100 g weiche Butter
Meersalz · Zitronensaft

Die feingehackten Kräuter unter die schaumig gerührte Butter mischen und diese mit Meersalz und etwas Zitronensaft abschmecken.

Fachausdrücke und Erklärungen

Ablöschen: Heißes mit einer kalten Flüssigkeit (Wasser, Wein...) abkühlen. Dient vor allem zum Lösen des Bratensatzes.

Abschmelzen: Fertige Saucen (z. B. gekochtes Gemüse) mit zerlassener Butter übergießen.

Abschrecken: Nach dem Kochen mit kaltem Wasser übergießen.

Andünsten: Kurz im eigenen Saft unter Hinzufügen von wenig Fett dünsten.

Anschwitzen: Durch Erhitzen von Feuchtigkeit befreien.

Ballaststoffe: Unverdauliche Nahrungsbestandteile, die vor allem in den Wänden der Pflanzenzellen vorhanden sind. Eine ballaststoffarme und fettreiche Ernährung scheint die Entwicklung von Dickdarmkrebs zu begünstigen.

Blanchieren: Gemüse oder Obst kurz in kochendes Wasser legen.

Dünsten: Speisen in einem zugedeckten Gefäß mit wenig Fett oder Flüssigkeit garen.

Einkochen (Saucen): Die Sauce kochen lassen, damit sie Wasser abgeben kann und dickflüssiger wird.

Häuten:	Entfernen der Haut z. B. von Tomaten, nachdem sie vorher mit kochendem Wasser überbrüht wurden.
Kcal:	Kilokalorie, Maßeinheit für den Energiegehalt von Lebensmitteln und Getränken sowie für den Energiebedarf des Organismus. 1 kcal (Kilokalorie) = 4,18 kJ (Kilojoule)
Kräutersträußchen (Bouquet garni):	Besteht gewöhnlich aus Lorbeerblatt, Thymian und Petersilie, am besten mit Wurzel. Wird mit einem Faden zusammengebunden.
Parieren:	Fleisch von Sehnen etc. befreien, zurechtschneiden.
Pochieren:	Knapp unterhalb des Kochpunktes in siedendem Wasser garen.
Porree:	Lauch
Sauerrahm:	Saure Sahne (10% Fett).
Simmern:	Leise köcheln.
Süßstoff:	Sollte möglichst selten und in geringen Mengen genommen werden.
Vanillezucker:	Mit einer aufgeschlitzten Vanilleschote aromatisierter Vollrohrzucker. In einem Schraubglas aufbewahren.
Vitamin A:	Fettlösliches Vitamin, das in 2 Formen vorkommt:

1. in Form von Retinol, das sich in gewissen Lebensmitteln tierischer Herkunft befindet;
2. in Form von Carotin oder Provitamin A, das hauptsächlich in Pflanzen vorkommt. Im Organismus wird Carotin in Retinol umgewandelt.

Vitamin A scheint bei der Krebsvorbeugung eine Rolle zu spielen.

In diesem Buch ist die Menge Vitamin A in Mikrogramm (mcg) Retinol ausgedrückt.

Zu bemerken ist noch, daß die Menge Vitamin A auch in »Equivalent Retinol« (ER) ausgedrückt werden kann, was auf das gleiche herauskommt, denn 1 ER = 1 mcg.

Vitamin C: Wasserlösliches Vitamin, das sich vor allem in Obst und Gemüse befindet.

Vitamin C verhindert die Entstehung von Nitrosaminen (krebserregende Substanzen) sowohl in den Lebensmitteln als auch im Organismus.

Vollkornmehl: Getreidemehl, das noch sämtliche Bestandteile des Korns in feinzerkleinerter Form enthält. Vollkornmehl ist also Mehl mit einem Ausmahlungsgrad von 100 %.

Landesverbände (LV) der Deutschen Krebsgesellschaft e. V.

Stand: März 1996

Krebsverband Baden-Württemberg e.V.,
Adalbert-Stifter-Straße 105, 70437 Stuttgart,
Tel.: 0711–8482590, Fax: 0711–848442591.

Bayerische Krebsgesellschaft e.V.,
Maistraße 12/III, 80337 München,
Tel.: 089–539525, Fax: 089–5439004.

Berliner Krebsgesellschaft e.V.,
Landesverband der Deutschen Krebsgesellschaft,
Robert-Koch-Platz 7, 10115 Berlin,
Tel.: 030–2832400, Fax: 030–2824136.

Brandenburgische Krebsgesellschaft e.V.,
Heinrich-Mann-Allee 103, Haus 16, 14473 Potsdam,
Tel.: 0331–864806, Fax: 0331–864806.

Deutsche Krebsgesellschaft – Landesverband Bremen e.V.,
Rembertistraße 99, 28195 Bremen,
Tel.: 0421–325169, Fax: 0421–327401.

Hamburger Krebsgesellschaft e.V.,
Martinistraße 40, 20251 Hamburg,
Tel.: 040–4604222, Fax: 040-4604232.

Hessische Krebsgesellschaft e.V.,
Heinrich-Heine-Straße 44–46, 35039 Marburg,
Tel.: 06421–63324, Fax: 06421–600711.

Deutsche Krebsgesellschaft
– Landesverband Mecklenburg-Vorpommern e.V.,
Radiologische Klinik, Krankenhaus Schwerin,
Lübecker Straße 276, 19049 Schwerin,
Tel.: 0385–52055 43–44, Fax: 0385–43037.

Niedersächsische Krebsgesellschaft e.V.,
Königstraße 27, 30175 Hannover,
Tel.: 0511–3885262, Fax: 0511–3885343.

Gesellschaft zur Bekämpfung der Krebskrankheiten des Landes NRW e.V.,
Johannes-Weyer-Straße 1, 40225 Düsseldorf,
Tel.: 0211–330015, Fax: 0211–9348833.

Krebsgesellschaft Rheinland-Pfalz e.V.,
Schloßstraße 8, 56068 Koblenz,
Tel.: 0261–31047/48, Fax: 0261–12209.

Sächsische Krebsgesellschaft e.V.,
Werdauer Straße 48, 08056 Zwickau,
Tel.: 0375–281403, Fax: 0375–281404.

Deutsche Krebsgesellschaft
– Landesverband Sachsen-Anhalt e.V.,
Braunschweiger Bogen, 06126 Halle,
Tel.: 0345–668136.

Schleswig-Holsteinische Krebsgesellschaft e.V.,
Flämische Straße 6–10, 24103 Kiel,
Tel.: 0431–96012, Fax: 0431-94871.

Thüringische Krebsgesellschaft e.V.,
Waidmühlenweg 23, 99089 Erfurt,
Tel.: 0361-2140300, Fax: 0361–2140302.

Rezeptverzeichnis nach Sachgruppen

Abendessen

Salate

Saucen

Rezepte für Kinder

Desserts und Kuchen

Alphabetisches Register

U

V

W

Z